von Melanie Hogrefe und Karsten Beermann

Lieblingsgerichte

Rezepte für das ganze Jahr

Einführung

Kochen und gute Lebensmittel, eine Leidenschaft, die uns beide schon lange begleitet. Doch bislang gingen wir mit dieser Leidenschaft jeder seine eigenen Wege.

Der eine, Karsten, als Gastwirt in seinem Gasthaus Beermann, die andere, Melanie, als Prokuristin beim Naturkostlieferservice „Das Gemüseabo". Mehr aus Zufall haben wir gemeinsam angefangen zu kochen.

Manchmal können weltweite Ereignisse ja auch positive Nebenwirkungen mit sich bringen. Durch einen glücklichen Zufall wurden wir Kollegen. Wir haben angefangen gemeinsam zu kochen, um die lieben Kollegen in der ganz besonders trubeligen Zeit bei Laune zu halten. Später wurde die Instagram-Seite vom Gemüseabo mit Rezepten und Leben gefüllt und für unsere Kunden haben wir fleißig neue Rezepte ausprobiert.

Selten hat man es, dass Menschen ähnlich ticken und man gleich auf einer Wellenlänge ist. Bei manchen ist es aber von Anfang an so, als wenn man sich schon ewig kennt.

Das wortlose Probieren des Essens, sich kurz anschauen und der eine spricht das fehlende Gewürz aus und der andere hat es schon in der Hand, das macht kochen zu zweit so spannend.

Wir wollen euch mit unserer Leidenschaft für gute Produkte anstecken und zu tollen Gerichten inspirieren. Alle unsere Rezepte können euch den Kochalltag versüßen und vielleicht auch zu euren Lieblingsgerichten werden.

Unsere Ideen stecken in der guten traditionellen Küche, in der Liebe zu mediterranen Speisen sowie ein wenig in der Leichtigkeit der asiatischen Kochkultur.

Wir nehmen euch mit auf unsere Reise rund um das Jahr mit all seinen besonderen und saisonalen Genüssen.

Viel Spaß beim Nachkochen, Ausprobieren, Inspirieren und Genießen.

Wenn nicht anders angegeben, sind unsere Rezepte für 4 Personen.

Wir wünschen euch gutes Gelingen!

Herzlichst, Melanie und Karsten

Frühling auf dem Tisch

Frühling auf dem Tisch

Kennt ihr auch das Gefühl, wenn ihr euch den Winter langsam vorbei wünscht und euch nur noch nach dem Frühling sehnt?

Bei mir ist es immer wieder ein gemischtes Gefühl von Verlangen nach gemütlichen Familien- und Freundesabenden im warmen Haus und nach frischer klarer Frühlingsluft draußen.

In der Küche kann ich mich dann noch nicht ganz von wärmenden und deftigen Eintöpfen verabschieden. Zeitgleich wünsche ich mir schon wieder frische und leichte Küche herbei.

Nicht immer ganz einfach, diese beiden Gegensätze in einem Topf zu vereinen.

Gerne nehme ich in dieser Zeit noch viel von unserem Lagergemüse. Ergänze es gegebenenfalls mit Tiefkühlprodukten und den ersten frischen Gemüsesorten aus Europa.

Wenn im Februar die Sonne langsam mehr Kraft bekommt und der Boden ganz sanft auftaut, laufe ich immer wieder ganz aufgeregt in unseren Garten, um unter der noch kahlen Felsenbirne den Erdboden ganz genau zu inspizieren.

Kann ich schon die ersten grünen Blattspitzen sehen? Am liebsten würde ich nachhelfen, damit die ersten Bärlauchblätter aus der Erde kommen.

Die ersten geernteten Blätter werden wie ein Heiligtum behandelt. Das erste frische Grün aus dem Garten.

Nach und nach zeigen sich auch die Winterhecke, eine winterharte Lauchzwiebel, und die ersten Schnittlauchhalme.

Für uns sind diese ersten Frühlingsboten die Inspiration für unser erstes Lieblingsgericht in unserem Kochbuch.

Bärlauch-Käse-Spätzle....

Bärlauch-Käse-Spätzle

Frische, selbstgemachte Spätzle schmecken nicht nur viel besser als gekaufte, man kann sie vor allem in ganz vielen Geschmacksrichtungen zaubern.
Der Bärlauch kann durch Rucola oder Basilikum ersetzt werden. Schön bunt wird es auf dem Teller, wenn nur ein Teil des Spätzleteigs mit Bärlauch zubereitet wird. Dafür die Hälfte des Teiges mit etwas mehr Wasser statt Bärlauch zubereiten.

Menge	Zutat
500 g	Dinkelmehl 630 oder Weizenmehl 550
200 ml	Wasser
1 Handvoll	Bärlauch
5	Eier
1 - 2 EL	Olivenöl
1	Kleine Zwiebel
1	Kleine Chilischote
150 g	Bergkäse
	Salz
	Pfeffer
1 - 2	Lauchzwiebeln

Zubereitung

1. Den Bärlauch vorsichtig waschen, trocken tupfen, in grobe Streifen schneiden und in einen Mixbecher füllen.

2. Die Eier einzeln aufschlagen und zum Bärlauch in den Mixbecher geben. Mit einem Pürierstab den Bärlauch mit den Eiern sehr fein pürieren.

3. Das Mehl mit einem Teelöffel Salz in eine Schüssel geben, die Bärlauch-Eier-Masse hinzufügen und alles mit dem Knethaken des Mixers oder der Küchenmaschine glatt rühren, nach und nach das Wasser dem Teig hinzufügen.

4. Der Teig ist leicht zäh und nach 8 - 10 Minuten Rühren, schlägt er Blasen. Anschließend den Teig mindestens 30 Minuten ruhen lassen.

5. Einen großen Topf mit Salzwasser zum Kochen bringen. Den Teig mit einem Spätzlehobel in das kochende Salzwasser streichen. Alternativ kann der Teig auch mit einer Spätzlepresse in das Wasser gedrückt werden.

6. Nach 2 - 3 Minuten schwimmen die Spätzle an der Oberfläche. Mit einem Schaumlöffel die Spätzle herausschöpfen und in kaltem Wasser abschrecken.

7. Eine kleine Zwiebel schälen und würfeln. Die Chilischote fein hacken.

8. In einer beschichteten Pfanne etwas Öl erhitzen und die fein geschnittene Zwiebel anbraten. Anschließend die Spätzle hinzufügen.

9. Den geriebenen Bergkäse untermischen und so lange rühren, bis der Käse zerlaufen ist.

10. Mit Salz, Pfeffer und etwas fein gehacktem Chili abschmecken. Zum Schluss klein geschnittene Lauchzwiebeln über die Spätzle streuen.

Gemüsebrühe

Selbstgemachte Gemüsebrühe ist eine herrliche Basis für viele unserer Gerichte. Wir kochen sie auf Vorrat in 500 ml-Gläser ein, um sie schnell verwenden zu können. Eine Sauce verlängern, ein schnelles Mittagessen mit ein paar gekochten Nudeln und Gemüsestreifen oder eine wärmende Tasse Brühe am Abend. Die Gemüsebrühe ist vielseitig einsetzbar und man weiß, welche herrlichen Zutaten man verwendet hat.

Menge	Zutat
500 g	Porree
1 kg	Möhren
500 g	Knollensellerie
250 g	Wurzelpetersilie
4 - 6	Zwiebeln
100 g	Frische Champignons
1 Bund	Petersilie
1 Bund	Liebstöckel
2 - 3	Tomaten
2	Lorbeerblätter
10	Pfefferkörner
4	Pimentkörner
4 - 5 L	Wasser
5 TL	Salz

Zubereitung

1. Den Porree am grünen Ansatz halbieren und gründlich waschen. Anschließend in 5 cm lange Stücke schneiden.

2. Möhren, Knollensellerie und Wurzelpetersilie schälen. Knollensellerie in große Stücke schneiden. Möhren und Wurzelpetersilie halbieren.

3. Die Zwiebeln pellen und halbieren. Die Champignons säubern. Petersilie und Liebstöckel waschen.

4. Die Tomaten ebenfalls waschen und den grünen Strunk entfernen.

5. Einen sehr großen Topf mit 4 - 5 Litern kaltem Wasser auf den Herd stellen. Das vorbereitete Gemüse, die Petersilie, den Liebstöckel, die Lorbeerblätter, Pfefferkörner und Pimentkörner hinzugeben und den Herd auf höchste Stufe stellen.

6. Evtl. etwas Wasser nachgießen, wenn das Gemüse nicht komplett bedeckt ist. Die Hitze reduzieren, sobald das Wasser leicht köchelt. Das Gemüse darin für 2 - 3 Stunden köcheln lassen.

7. Am Ende der Garzeit das Gemüse mit einer Schaumkelle entfernen, abtropfen lassen und entsorgen. Die Brühe durch ein Passiertuch gießen und evtl. etwas einkochen lassen, damit sie noch kräftiger schmeckt. Zum Schluss das Salz hinzugeben und einmal kurz aufkochen.

8. Weckgläser oder Schraubverschluss-Gläser säubern, die Deckel und Deckelgummis in kochendem Wasser kurz abkochen.

9. Die noch heiße Brühe in die vorbereiteten Gläser füllen. Mit Schraubdeckel oder Gummi, Glasdeckel und Klammer verschließen.

10. Den Backofen auf 120 °C Ober- und Unterhitze vorheizen.

11. Die verschlossenen Gläser in die Fettpfanne vom Backofen stellen.

12. Vorsichtig das Blech in den Ofen stellen. Jetzt etwa 1 cm hoch Wasser in das Blech gießen und die Brühegläser für 30 Minuten im Ofen einkochen lassen.

13. Die Gläser auf ein Handtuch stellen und abkühlen lassen. Sie verschließen sich mit einem hörbaren „Plopp" bei den Schraubdeckeln. Bei den Weckgläsern zeigt die Gummilippe nach unten.

14. Die Brühe hält sich ungekühlt mindestens ein halbes Jahr.

Tipp:

Wer es etwas schärfer und asiatischer mag, kocht 2 - 3 Chilis, 4 Knoblauchzehen, 30 g geschälten Ingwer und 1 Stange Zitronengras oder etwas abgeschälte Limettenschale mit.

Warum und wie?

Wenn wir Gerichte gekocht haben, sind wir immer wieder auf unsere Rezepte angesprochen worden. Meistens haben wir uns lachend angeguckt. Denn wir haben oft keine Rezepte. Wir kochen einfach so, aus dem Kopf und Bauchgefühl heraus.

Nach ganz vielen Nachfragen war dann die Idee erst mal ganz zaghaft geboren. Vielleicht schreiben wir doch mal unsere Rezepte auf?!

Oder machen direkt ein Kochbuch daraus?

Gesagt, getan. Also nicht nur mit dem Handy Fotos für unsere Instagram-Seite machen, sondern mal die Kamera für die Gerichte in die Hand nehmen.

Schnell noch ein paar hübsche und ausgefallene Teller gekauft und schon konnte es losgehen.

Vielleicht nicht immer ganz professionell, aber immer ehrlich.

Unsere Gerichte stehen hier im Mittelpunkt unseres Kochbuchs. Dennoch runden unsere Geschichten aus unserem Küchenleben das Ganze schmunzelnd ab. Sie zeigen ein ganz klein wenig, wer wir sind. Und damit das Bild im Kopf jetzt einen Rahmen bekommt, zeigen auch wir uns hier. Natürlich auch wieder mit einem Schmunzeln.

Die Fotos von uns beiden sind mit einem Abstand von 2 Jahren irgendwo auf der Ostsee vor Schweden entstanden.

Und nu?

Jetzt standen wir hier mit einigen Rezepten und Bildern. Und wie das Ganze jetzt in Form bringen?

Wir haben uns für die Jahreszeiten als Unterteilung der Rezepte entschieden. Wir starten im Buch und damit im Jahr mit vielen frischen Frühlingsboten. Bärlauch, Spargel, junge Erbsen und passend zur Hochzeitssaison im Mai mit Hochzeitssuppe und Hühnerfrikassee.

Viel knackiges Gemüse wird für unsere Asia-Gerichte benötigt und gibt den nötigen Frischekick, wenn die Frühjahrsmüdigkeit mal wieder zugeschlagen hat.

Unsere bunten Eier sind die lustige Interpretation der traditionellen Eierplatte rund um Ostern.

Mit einem großen Augenzwinkern darf unsere Surströmming-Geschichte natürlich nicht fehlen. Ein schöner Übergang für unsere Schweden-Lieblingsgerichte.

Weiter geht´s im Jahr mit einem herrlichen Sommer. Wir machen uns den Sommer küchentechnisch, wie er uns gefällt. Viele Grillbeilagen und leichte Gerichte findet ihr dort wieder. Abgerundet wird der Sommer mit „läcker" Hüftgold aus Dessert und Kuchen.

Der Herbst wird köstlich mit feinen Suppen und wärmenden Ofen-Gerichten. Zwiebelkuchen darf natürlich nicht fehlen und auch ein kulinarischer und aufwendiger Ausreißer ist dabei. Den Tapasabend im Herbst im gemütlichen Wohnzimmer können wir jedem nur ans Herz legen, der liebe Leute lecker bekochen möchte. Und wer zwischen den Zeilen lesen kann, wird erahnen, wer an dem Tapasabend dabei war.

Den Winter haben wir den deftigen Schmorgerichten und Kindheitserinnerungen gewidmet. Geniale Gebäckrezepte schließen das Jahr und damit unser Kochbuch ab.

Hühnerbrühe

Hühnerbrühe ist ganz vielseitig einsetzbar, dennoch wird sie bei uns fast ausschließlich für Hochzeitssuppe und Hühnerfrikassee verwendet. Wer könnte bei diesen beiden Gerichten schon widerstehen?
Auch hier lieber eine etwas größere Menge Brühe kochen und wie bei der Gemüsebrühe in Gläsern auf Vorrat einkochen. Vielleicht braucht man sie doch mal für andere Gerichte!

Menge	Zutat
500 g	Porree
1 kg	Möhren
500 g	Knollensellerie oder Staudensellerie
250 g	Wurzelpetersilie
4 - 6	Zwiebeln
1 Bund	Petersilie
1 Bund	Liebstöckel
1	Suppenhuhn
2	Lorbeerblätter
10	Pfefferkörner
4	Pimentkörner
4 - 5 L	Wasser
5 TL	Salz

Zubereitung

1. Den Porree am grünen Ansatz halbieren und gründlich waschen. Anschließend in 5 cm lange Stücke schneiden.

2. Möhren, Knollensellerie und Wurzelpetersilie schälen. Knollensellerie in große Stücke schneiden. Möhren und Wurzelpetersilie halbieren. Falls Staudensellerie verwendet wird, diesen waschen und das untere Wurzelstück entfernen. Die Stangen vom Sellerie halbieren.

3. Die Zwiebeln pellen und halbieren. Die Petersilie und den Liebstöckel waschen.

4. Das Suppenhuhn waschen.

5. Einen sehr großen Topf mit 4 - 5 Litern kaltem Wasser auf den Herd stellen. Das Suppenhuhn, das vorbereitete Gemüse, die Petersilie, den Liebstöckel, die Lorbeerblätter, Pfefferkörner und Pimentkörner hinzugeben und den Herd auf höchste Stufe stellen. Evtl. etwas Wasser nachgießen, wenn das Gemüse nicht komplett bedeckt ist.

6. Die Hitze reduzieren, sobald das Wasser leicht köchelt. Das Suppenhuhn jetzt für 2 - 3 Stunden knapp unter dem Siedepunkt garen lassen.

7. Wenn das Fleisch verwendet wird, gleich zu Beginn 5 Teelöffel Salz zur Brühe geben. Wenn nur die Brühe benötigt wird, diese ohne Salz kochen.

8. Zwischendurch den aufsteigenden Schaum entfernen.

9. Das Suppenhuhn ist gar, wenn sich der Knochen vom Bein sehr leicht herausdrehen lässt.

10. Das Huhn aus der Brühe nehmen und zur Seite stellen.

11. Am Ende der Garzeit das Gemüse mit einer Schaumkelle entfernen, abtropfen lassen und entsorgen. Die Brühe durch ein Passiertuch gießen und evtl. etwas einkochen lassen, damit sie noch kräftiger schmeckt. Jetzt nachsalzen und erneut aufkochen lassen.

12. Wenn das Suppenhuhn etwas abgekühlt ist, die Haut entfernen und das Fleisch vom Knochen lösen. Das Fleisch in mundgerechte Stück zupfen oder schneiden und für Frikassee oder Geflügelsalat verwenden.

> *Tipp:*
>
> *Für einen schnellen Geflügelsalat 100 ml Sahne steif schlagen und mit 5 EL Salatcreme verrühren. Salzen und pfeffern. Mit 0,5 TL Curry süß und etwas Zitronensaft abschmecken. Hühnerfleisch unterrühren und nach Belieben Erdnüsse, Orangenfilets und Lauchzwiebelringe unterheben.*

Hochzeitssuppe

Eine regional sehr unterschiedliche Suppe. Viele Grundsatzfragen werden hier gestellt. Mit oder ohne Blumenkohl? Gehören Nudeln in die Suppe? Gemüse aus der Hühnerbrühe mit in die Suppe? Warum ist kein Hühnerfleisch in der Suppe? Selbst wir sind uns nur bei 4 von 5 Zutaten einig. Ganz klar in die Hochzeitssuppe gehören: Brühe, Hackklößchen, Eierstich und Spargel! Und dann kommt schon die Diskussion: Nudeln oder Blumenkohl? Ihr entscheidet einfach selbst! Viel Spaß beim Nachkochen! Das Rezept reicht für 8 Personen.

Menge	Zutat
3 L	Hühnerbrühe
350 g	Spargel gekocht
500 g	Rinderhackfleisch
2 EL	Paniermehl
9	Eier
	Salz und Pfeffer
0,25 L	Milch
1 TL	Butter
200 g	Kleine Suppennudeln
1	Kleiner Blumenkohl

Zubereitung

1. Frischen Spargel oder tiefgekühlten Spargel in Salzwasser bissfest kochen. Alternativ Spargel aus dem Glas verwenden, diesen abgießen und am Ende in die fertige Suppe geben.

2. Hackfleisch mit einem Ei, dem Paniermehl, einem Teelöffel Salz und einem halben Teelöffel Pfeffer durchkneten und zu kleinen Klößchen drehen. 1 Liter Salzwasser aufkochen und die Klößchen darin für 3 Minuten gar ziehen lassen. Aus dem Wasser nehmen und zur Seite stellen.

3. Für den Eierstich 8 Eier aufschlagen und mit der Milch, einem Teelöffel Salz und wenig Pfeffer verquirlen. In eine gebutterte Porzellanform oder Edelstahlschale geben, mit Folie verschließen und in einem heißen Wasserbad für 30 - 40 Minuten gar ziehen lassen. Den Eierstich aus der Form nehmen, in kleine Würfel schneiden und ebenso beiseite stellen.

4. Die Suppennudeln in Salzwasser al dente kochen, abgießen und mit kaltem Wasser sehr lange abspülen, bis sie nicht mehr aneinanderkleben.

5. Den Blumenkohl waschen, putzen und in kleine Röschen teilen. In kochendem Salzwasser in 5 - 7 Minuten bissfest garen. Abgießen und mit kaltem Wasser abschrecken.

6. Die Hühnerbrühe aufkochen und die einzelnen Zutaten in die heiße Brühe geben.

Tipp:

Alternativ die Eiermasse in einen Gefrierbeutel geben, sehr gut verschließen und im heißen Wasserbad für 30 - 40 Minuten gar ziehen lassen.

Hühnerfrikassee

Genau wie bei der Hochzeitssuppe gibt es auch beim Frikassee regionale Unterschiede. Was gehört hinein? Spargel, Pilze oder sogar Erbsen und Möhren? Was gibt es als Beilage? Reis, Kartoffeln oder sogar Blätterteig-Pastete? Beim Hühnerfrikassee sind wir uns sehr einig! Ganz schlicht und puristisch muss es sein. Nur Sauce mit Hühnerfleisch, fein abgeschmeckt mit Muskat und einem Hauch Zitrone. Bei den Beilagen gibt es einfach alles: Kartoffeln, Reis und Pastete!

Menge	Zutat
600 g	Hühnerfleisch vom Suppenhuhn oder
600 g	Hähnchenbrust
800 ml	Hühnerbrühe
80 g	Butter
80 g	Mehl
100 ml	Sahne
	Muskat
	Salz und Pfeffer
Etwas	Zitronensaft

Zubereitung

1. Das gekochte Hühnerfleisch in gleichmäßige Stücke schneiden.

2. Evtl. Hähnchenbrüste für 15 - 20 Minuten in der Hühnerbrühe kochen, aus der Brühe nehmen und in kleine Würfel schneiden.

3. Für die Sauce die Butter in einem großen Topf erhitzen, das Mehl darüberstäuben, anschwitzen und mit einem Schneebesen kräftig verrühren. Unter ständigem Rühren, damit keine Klümpchen entstehen, erst etwas kalte Brühe hinzugeben. Diese glatt rühren und nach und nach die heiße Hühnerbrühe hinzugeben und aufkochen lassen. 2 - 3 Minuten kochen lassen. Nun die Sahne hinzugeben.

4. Erneut aufkochen und mit Salz, Pfeffer, Muskat und Zitronensaft abschmecken.

5. Und nun kommen die ganzen Extras: Nach Belieben mit gekochtem Spargel, Erbsen, Möhren und Champignons ergänzen.

6. Als Beilage eignen sich Salzkartoffeln, Reis oder herrlich knusprige Blätterteigpasteten.

Tipp:

Kapernliebhaber, aufgepasst! Kapern aus dem Glas abgießen und etwas wässern. Auf einem Küchentuch sehr gut abtrocknen lassen. 4 EL Sonnenblumenöl in einem Butterpfännchen erhitzen. Die Kapern vorsichtig hineingeben und frittieren, bis sie aufplatzen. Mit einer Gabel herausnehmen, auf einem Küchentuch kurz abtropfen lassen und auf das fertige Frikassee geben.

Spargelcremesuppe

Eines der leckersten Gemüse ist der Spargel im Frühjahr. So vielfältig einsetzbar und doch auch so traditionell. Hier haben wir eine klassische Spargelcremesuppe etwas farblich aufgepeppt. Auf der nächsten Seite gibt es einen schnellen Tipp, wie man daraus ein leckeres Spargelragout zaubert.

Menge	Zutat
1 kg	Weißer Spargel
200 g	Grüner Spargel
1,25 L	Wasser
	Salz
	Zucker
50 g	Butter für die Suppe
50 g	Mehl
200 ml	Schlagsahne
0,5 TL	Weißer Pfeffer gemahlen
2 - 3 EL	Zitronensaft
20 g	Butter für den grünen Spargel
400 g	Rinderhackfleisch
1	Ei
2 EL	Paniermehl
0,5 TL	Schwarzer Pfeffer gemahlen
1 - 2	Petersilienzweige

Zubereitung

1. Den weißen Spargel gründlich waschen. Anschließend schälen und holzige Enden abschneiden. 1,25 Liter Wasser mit zwei Teelöffeln Salz und einem Teelöffel Zucker aufkochen. Spargelschalen zugeben und zugedeckt ca. 20 Minuten köcheln.

2. Inzwischen Spargel in 3 cm lange Stücke schneiden. Spargelschalen in ein Sieb abgießen, gut abtropfen lassen und das gesamte Spargelwasser dabei auffangen. Spargelschale entsorgen.

3. Spargelwasser zurück in den Topf gießen, aufkochen und nun die Spargelstücke hinzufügen. Diese für ungefähr 15 Minuten leicht köchelnd garen. Der Spargel soll noch leicht fest sein. Die Spargelstücke abgießen, Spargelwasser auffangen und 1 Liter Flüssigkeit abmessen.

4. Hackfleisch mit einem Ei, dem Paniermehl, einem knappen Teelöffel Salz und einem knappen halben Teelöffel schwarzem Pfeffer gut vermischen. Davon kleine Klößchen drehen. Einen Liter Wasser mit 1 - 2 Teelöffeln Salz zum Kochen bringen und die Klößchen im ganz leicht kochenden Wasser ca. 7 Minuten gar ziehen lassen. Anschließend abgießen und Klößchen beiseite stellen.

5. Beim grünen Spargel das untere Drittel schälen und das holzige Ende abschneiden. Den Spargel in feine schräge Streifen schneiden.

6. In einer Pfanne etwa 20 g Butter schmelzen. Die grünen Spargelstreifen kurz darin andünsten und mit wenig Salz und Zucker abschmecken. Sie sollen noch bissfest sein.

7. Für die Suppe 50 g Butter in einem großen Topf erhitzen, das Mehl darüberstäuben, anschwitzen und mit einem Schneebesen kräftig verrühren. Unter ständigem Rühren, damit keine Klümpchen entstehen, erst etwas kaltes Wasser und nach und nach das heiße Spargelwasser hinzugeben und aufkochen lassen. 2 - 3 Minuten kochen lassen. Nun die Sahne hinzugeben.

8. Erneut aufkochen und 5 Minuten köcheln lassen. Mit Salz, weißem Pfeffer, Zucker und Zitronensaft abschmecken. Beide Spargelsorten und Klößchen in die Suppe geben und nochmals kurz erhitzen.

9. Die Petersilie waschen, hacken und vor dem Servieren über die Suppe streuen.

> *Tipp:*
>
> *Aus den Suppenzutaten lässt sich ganz leicht ein Spargelragout herstellen. Einfach nur die Mehlschwitze mit der Hälfte vom Spargelwasser auffüllen. Die komplette Sahne angießen und rühren, bis eine cremige Sauce entsteht. Alles in die Sauce geben und Kartoffeln oder Reis dazu, fertig. Lecker!*

Hähnchen-Erbsen-Lasagne

Lasagne ist eins der typischen Lieblingsgerichten in vielen Familien. Bei uns gibt es zur traditionellen Variante diese interessante Alternative. Lasagne mit Erbsen, Hähnchenwürfeln, Béchamelsauce und viel Pesto.
Ein Traum in grün-weiß.

Menge	Zutat
2	Zwiebeln
2	Knoblauchzehen
400 g	Hähnchenbrust
2 EL	Olivenöl
300 g	Erbsen TK oder frisch
	Salz und Pfeffer
70 g	Butter
70 g	Mehl
1,1 L	Milch
1 Prise	Muskatnuss
500 g	Lasagneplatten grün und weiß
125 g	Basilikum-Pesto
250 g	Mozzarella

Zubereitung

1. Zwiebeln und Knoblauch pellen und sehr fein hacken.

2. Die Hähnchenbrust waschen, trocken tupfen und in 0,5 cm kleine Stücke schneiden.

3. Olivenöl in einer Pfanne erhitzen und die Hähnchenwürfel in 2 Portionen kurz und sehr scharf anbraten. Hähnchenfleisch zur Seite stellen. Öl in der Pfanne lassen.

4. In der gleichen Pfanne die Zwiebeln und den Knoblauch glasig dünsten. Evtl. etwas Olivenöl zum Braten nachgießen.

5. Die Erbsen zu den Zwiebeln geben und für 2 - 3 Minuten mitbraten. Das Hähnchenfleisch unterrühren und mit 1 - 1,5 Teelöffeln Salz und einem halben Teelöffel Pfeffer würzen.

6. Für die Béchamelsauce Butter in einem Topf schmelzen und das Mehl darüberstäuben. Kräftig rühren, bis beides miteinander verbunden ist. Nach und nach die Milch unterrühren. 1 - 2 Minuten köcheln lassen, die Sauce ist noch sehr flüssig. Mit 1 - 1,5 Teelöffeln Salz, 0,5 Teelöffeln Pfeffer und etwas geriebener Muskatnuss abschmecken.

7. Den Ofen auf 180 °C Umluft vorheizen.

8. Das Pesto unter die Hähnchen-Erbsen-Mischung rühren.

9. Die Auflaufform jetzt wie folgt schichten: Mit der Béchamelsauce beginnen, dann grüne Lasagneplatten, nun etwas Béchamelsauce, die Hähnchen-Erbsen-Mischung darauf und zum Schluss weiße Lasagneplatten. Diese Reihenfolge zweimal wiederholen. Es werden insgesamt 3 Schichten Hähnchenfleisch.

10. Als letzte Schicht mit Béchamelsauce enden. Die Lasagneplatten sollen vollständig von Béchamelsauce bedeckt sein.

11. 250 g Mozzarella abgießen und sehr fein schneiden.

12. Die Lasagne für 25 Minuten im Ofen backen. Vorsichtig aus dem Ofen nehmen und den geschnittenen Mozzarella über die Lasagne geben. Weitere 20 Minuten backen.

Hähnchen-Curry

Nicht thailändisch, nicht indisch, nicht typisch deutsch, sondern einfach eine Mischung aus allem. Knackiges Gemüse in sahniger Kokos-Currysauce mit scharf angebratenem Fleisch.

Menge	Zutat
1	Zwiebel
2	Knoblauchzehen
1	Porreestange
200 g	Möhren
100 g	Knollensellerie
200 g	Brokkoli
1	Rote Spitzpaprika
300 g	Hähnchenbrust
2 EL	Öl
1 - 2 EL	Curry mild
400 g	Kokosmilch
200 ml	Sahne
200 ml	Brühe
	Salz und Pfeffer
1 TL	Speisestärke
200 g	Basmatireis

Zubereitung

1. Die Zwiebel und den Knoblauch pellen und in Würfel schneiden.

2. Den Porree waschen und in feine Ringe schneiden.

3. Möhren und Knollensellerie schälen. Knollensellerie fein reiben. Möhren in Scheiben schneiden.

4. Brokkoli waschen und in kleine Röschen schneiden. Den Stiel abschälen und in kleine Stücke schneiden.

5. Paprika waschen und in halbe Ringe schneiden.

6. Hähnchenbrust waschen, trocken tupfen und in Würfel schneiden.

7. 1 Esslöffel Öl in einem Topf erhitzen und das Hähnchenfleisch von allen Seiten scharf anbraten. Aus dem Topf nehmen, salzen, pfeffern und zur Seite stellen.

8. Erneut 1 Esslöffel Öl in den Topf geben und die Zwiebel anbraten. Den Knoblauch und den Porree hinzufügen und alles unter Rühren anbraten.

9. Möhren, Sellerie und die Stücke vom Brokkoli dazugeben und 2 - 3 Minuten braten. 1 Esslöffel Currypulver darüberstäuben und mit dem Gemüse anschwitzen. Mit der Kokosmilch, der Sahne und Brühe ablöschen. 2 Teelöffel Salz und 1 Teelöffel Pfeffer dazugeben und 15 Minuten köcheln lassen.

10. Den Reis in der Zwischenzeit nach Packungsangabe garen.

11. Brokkoliröschen dazugeben und weitere 6 Minuten kochen. Die Paprika kurz mit in der Sauce erhitzen.

12. Das Gemüse ist jetzt leicht bissfest. Wer es etwas weicher mag, lässt es noch 5 Minuten köcheln.

13. Nochmals mit Curry, Salz und Pfeffer abschmecken.

14. Falls die Konsistenz zu flüssig ist, etwas Speisestärke mit Wasser anrühren und unter das kochende Curry rühren.

Tipp:

Der Brokkoli lässt sich durch Blumenkohl oder Chinakohl ersetzen.

Der Blumenkohl muss zum Schluss 8 -10 Minuten mitkochen. Der Chinakohl braucht nur 2 - 3 Minuten. Ganz zum Schluss ein paar geröstete Erdnüsse über das Essen streuen.

Gebratene Asia-Nudeln

Gibt es etwas Schöneres, als eine große Schüssel gebratene Asia-Nudeln in den Händen zu halten? Frisches, knackiges Gemüse verbindet sich mit einer feinwürzigen und pikanten Sauce, die die Mie-Nudeln herrlich umhüllt.

Menge	Zutat
1	Gemüsezwiebel
3	Knoblauchzehen
1 kl.	Ingwerstück
1	Chili
1 kl.	Porree
3	Möhren
1	Paprika rot
0,5	Weißkohl
6	Champignons
5	Lauchzwiebeln
1 kl.	Blumenkohl
500 g	Mie-Nudeln
	Sojasauce
1 EL	Honig
	Öl
	Salz und Pfeffer
100 g	Frische Soja- oder Mungbohnensprossen

Zubereitung

1. Die Zwiebel und den Knoblauch pellen, den Ingwer schälen und alles in sehr feine Würfel hacken.

2. Chili waschen und ebenfalls sehr klein hacken.

3. Den Porree waschen und in feine Ringe schneiden.

4. Die Möhren schälen, Paprika waschen und entkernen und in dünne Streifen schneiden.

5. Den Weißkohl waschen, äußere Blätter entfernen, vierteln und in feine Streifen schneiden. Den restlichen Weißkohl anderweitig verwenden.

6. Die Champignons halbieren und in feine Scheiben schneiden.

7. Die Lauchzwiebeln waschen, Wurzeln entfernen und in feine Ringe schneiden.

8. Blumenkohl waschen und in kleine Röschen teilen.

9. Den Ofen auf 200 °C Ober- und Unterhitze vorheizen, den Blumenkohl mit 1 Esslöffel Honig und 2 Esslöffeln Sojasauce mischen und in einer Auflaufform für 20 Minuten im Backofen garen.

10. In einem Wok 2 Esslöffel Öl erhitzen und Ingwer, Knoblauch, Gemüsezwiebel, Chili und Porree kurz scharf anbraten, dann auf schwacher Hitze im Wok köcheln lassen.

11. In einer beschichtetem Pfanne Weißkohl, Möhren, Champignons und Paprika jeweils separat in Öl kurz scharf anbraten und in den Wok geben, zum Schluss den Blumenkohl und die Lauchzwiebeln dazugeben.

12. Das Gemüse im Wok mit 4 - 6 Esslöffeln Sojasauce, Pfeffer, wenig Salz und Zucker abschmecken.

13. Die Sprossen abwaschen und unter das Gemüse heben.

14. Die Nudeln nach Packungsangabe kochen bzw. gar ziehen lassen und abgießen.

15. In einer beschichteten Pfanne etwas Öl erhitzen. Die Nudeln kurz anbraten und mit etwas Sojasauce ablöschen. Anschließend mit dem Gemüse im Wok vermengen und servieren.

> *Tipp:*
>
> *Das Gemüse kann beliebig getauscht werden. Chinakohl statt Weißkohl, Erbsen statt Champignons, Brokkoli statt Blumenkohl.*

Kichererbsen-Curry

Lust auf knackige Kichererbsen, eine cremige Konsistenz und duftendes Curry?
Dann ist dieses Gericht genau das Richtige, wenn es mal schnell gehen soll und ihr
dennoch viel Gemüse im Essen haben möchtet.

Menge	Zutat
150 g	Porree
200 g	Möhren gelb und orange
80 g	Knollensellerie
80 g	Wurzelpetersilie
1	Zwiebel
400 g	Brokkoli
1 kleiner	Blumenkohl
2	Knoblauchzehen
1	Chili
1 kl. Stück	Ingwer
600 ml	Kokosmilch
1 Glas	Kichererbsen (350 g)
1 - 2 EL	Curry mild
	Salz und Pfeffer
200 g	Basmatireis
2 EL	Öl

Zubereitung

1. Den Porree waschen und in feine Ringe schneiden.

2. Möhren, Knollensellerie und Wurzelpetersilie schälen. Knollensellerie und Wurzelpetersilie fein reiben. Möhren in Scheiben schneiden.

3. Die Zwiebel und den Knoblauch pellen und in Würfel schneiden.

4. Brokkoli und Blumenkohl waschen und in kleine Röschen schneiden.

5. Chili waschen, Ingwer schälen und beides sehr fein hacken.

6. Öl in einem Wok erhitzen und die Zwiebel, den Ingwer und die Chili kurz scharf anbraten. Den Knoblauch und den Porree hinzufügen und alles unter Rühren anbraten.

7. Wurzelpetersilie, Möhren und Sellerie dazugeben und 2 - 3 Minuten braten. 1 Esslöffel Currypulver darüberstäuben und mit dem Gemüse anschwitzen. Mit der Kokosmilch ablöschen. 3 Teelöffel Salz und 1 Teelöffel Pfeffer dazugeben. Nun 15 Minuten köcheln lassen.

8. Den Reis in der Zwischenzeit nach Packungsangabe garen.

9. Brokkoli- und Blumenkohlröschen dazugeben und weitere 10 Minuten kochen.

10. Das Gemüse ist jetzt leicht bissfest. Wer es etwas weicher mag, lässt es noch 5 Minuten köcheln.

11. Kichererbsen abgießen und im Curry erwärmen.

12. Nochmals mit Curry, Salz und Pfeffer abschmecken.

13. Falls die Konsistenz zu flüssig ist, etwas Speisestärke mit Wasser anrühren und unter das kochende Curry rühren.

Tipp:

Ist das Kichererbsen-Curry zu fleischlos? Dann 400g Hähnchenbrust in Würfel schneiden und in etwas Öl im Wok scharf anbraten. Aus dem Öl nehmen, beiseite stellen und in dem Öl ab Punkt 6 weiter kochen. Zum Schluss das Hähnchenfleisch mit den Kichererbsen wieder zum Curry geben.

Kartoffel-Gurkensalat

Eine herrlich leichte und frische Variante vom Klassiker der Salate.

Menge	Zutat
750 g	Kartoffeln, festkochend
0,5	Schlangengurke
2	Rote Zwiebeln
250 ml	Gemüsebrühe
75 ml	Weißweinessig
2 - 3	Dillzweige
	Salz
	Pfeffer
	Zucker

Zubereitung

1. Die Kartoffeln schälen und in Salzwasser gar kochen.

2. Die Zwiebeln pellen und sehr fein würfeln.

3. Dill waschen und fein hacken.

4. Die Gemüsebrühe aufkochen und über die Zwiebeln geben. Den Essig, einen Teelöffel Zucker, einen Teelöffel Salz, 0,5 Teelöffel Pfeffer und Dill zur Brühe geben. Die Brühe abschmecken, sie soll etwas salzig und leicht süßlich schmecken.

5. Die Kartoffeln abgießen, etwas abdampfen lassen, im Anschluss in Scheiben schneiden und direkt in die Brühe geben.

6. Die Gurke waschen, fein hobeln und unter den Kartoffelsalat geben.

7. Den Salat mindestens 2 - 3 Stunden durchziehen lassen.

Tipp:

Der Salat passt hervorragend zu Tex-Mex-Frikadellen.

Krautsalat

Krautsalat ist ein leckerer Begleiter zum Grillen, für das Partybuffett oder für einen griechischen Abend. Er lässt sich entspannt schon 2 Tage vorher vorbereiten und schmeckt gut durchgezogen am besten.

Menge	Zutat
1 kg	Weißkohl
1	Möhre
2	Knoblauchzehen
250 ml	Weißweinessig
150 g	Zucker
2 TL	Salz
0,5 TL	Kurkuma
100 ml	Sonnenblumenöl
150 ml	Wasser
1 TL	Pfeffer

Zubereitung

1. Den Weißkohl von den äußeren Blättern befreien. Kohl vierteln und in sehr feine Streifen schneiden. Den Strunk nicht mit verwenden.

2. Die Möhre schälen und sehr fein raspeln.

3. Knoblauch pellen und sehr fein hacken oder durch eine Knoblauchpresse drücken.

4. Weißweinessig, Zucker, Salz, Öl, Wasser und Kurkuma mit dem gepressten Knoblauch in einen Topf geben und aufkochen.

5. Die Weißkohlstreifen mit den Möhrenstreifen und dem Pfeffer mischen.

6. Den aufgekochten Sud sofort heiß über den Krautsalat geben und mehrmals durchrühren.

7. Den Krautsalat mindestens 6 Stunden ziehen lassen. Dann ist er noch sehr bissfest. Besser 2 Tage vor dem Verzehr zubereiten und im Kühlschrank lagern. Jeden Tag einmal durchrühren.

Tipp:

Habt ihr kalte Frikadellen vom Vortag im Kühlschrank? Perfekt! Ein Baguette aufschneiden, etwas Senf oder Ketchup daraufstreichen, Krautsalat möglichst ohne Flüssigkeit auf das Baguette geben, die Frikadellen in dünne Scheiben schneiden und auf den Salat legen. Baguettehälfte darüberlegen, in Stücke schneiden und genießen!

Spargel-Avocado-Salat

Knackiger Spargel vermischt sich mit cremiger Avocado. Die Tomaten geben nicht nur den farblichen Tupfer in diesem frischen Frühlings-Salat.

Menge	Zutat
500 g	Grüner Spargel
1 EL	Olivenöl
1 - 2	Tomaten
1	Reife Avocado
1	Rote Zwiebel
3 EL	Balsamico bianco
2 EL	Wasser
1 EL	Olivenöl
1 TL	Süßer körniger Senf
1 EL	Ahornsirup
	Salz und Pfeffer

Zubereitung

1. Den Spargel waschen, das untere Drittel vom Spargel schälen und das holzige Ende abschneiden. Die Spargelstangen in 5 cm lange Stücke schneiden.

2. Die Stücke für 3 - 4 Minuten in Öl anbraten, gut salzen und zur Seite stellen.

3. Die Tomaten waschen und in kleine Stücke würfeln.

4. Avocado halbieren, Kern entfernen und das Avocadofruchtfleisch würfeln.

5. Die Zwiebel pellen und in feine Würfel schneiden.

6. Restliche Zutaten zum Dressing mischen und abschmecken.

7. Alles miteinander verrühren und sofort servieren.

Tipp:

Der Salat passt hervorragend zu den Chili-Cheese-Fries.

Bunte Eier auf Roten Beten

Osterbrunch oder ein Frühstück für Freunde? Dann ist das Rote-Bete-Carpaccio genau das Richtige. Fein abgeschmeckt mit Frühlingskräutern und Limetten-Ahornsirup-Dressing. Die lustigen Eier geben dem Ganzen den letzten Pfiff.

Menge	Zutat
500 g	Rote Bete
5	Eier
2	Limetten
1 - 2 EL	Ahornsirup
4 EL	Olivenöl
	Salz
	Pfeffer
	Zucker
2	Möhren
	Schnittlauch, Schnittknoblauch, Rucola, Kräuterblüten
1 EL	Mayonnaise

Zubereitung

1. Die Rote Bete in 1 Liter Wasser mit 1 Teelöffel Salz und einem halbem Teelöffel Zucker für 20 - 25 Minuten gar kochen und auskühlen lassen. Das Kochwasser zum Färben der Eier aufheben.

2. Die Eier hartkochen, abschrecken und pellen. 2 Eier in das Rote-Bete-Kochwasser für einige Stunden zum Färben einlegen.

3. Die Rote Bete mit Handschuhen abpellen und in dünne Scheiben schneiden, anschließend auf einer Platte fächerförmig anrichten.

4. Die Limetten auspressen, den Limettensaft mit Ahornsirup, Olivenöl, Salz und Pfeffer verrühren und abschmecken.

5. Die Möhren schälen.

6. Für die kleinen Eierfüße von einer Möhre 6 Scheiben abschneiden und aus jeder Scheibe 3 kleine Dreiecke herausschneiden. In die Mitte der Scheibe ein kleines Loch schneiden. Aus dem Rest der Möhre 6 dünne Stifte schneiden. Diese an der einen Seite etwas anspitzen und in die Möhrenscheibe stecken. Jeweils 2 Beinchen in die nicht gefärbten und gepellten Eier stecken.

7. Den Rest der Möhren in sehr kleine Würfel schneiden und die Würfel in das Dressing geben.

8. Das Dressing über die Rote-Bete-Scheiben geben.

9. Verschiedene Kräuter und Kräuterblüten waschen, klein schneiden und über das Carpaccio geben. Einige Blüten beiseite legen.

10. Die beiden Eier aus dem Rote-Bete-Sud heben und halbieren. Einen kleinen Klecks Mayonnaise auf die Eierhälften geben und die Eier mit Kräutern und Blüten garnieren.

11. Die Eierhälften und die ganzen Eier auf dem Carpaccio dekorieren.

> *Tipp:*
>
> *Für etwas mehr Knusper auf dem Carpaccio 50 g Pinienkerne anrösten und über die Rote-Bete-Scheiben streuen.*

Schnittlauchblütenbutter

Morgens durch den Garten streifen und am Kräuterbeet anhalten. Der Blick bleibt an den zartvioletten Blüten des Schnittlauchs hängen. Was liegt da näher, als ein paar der Blüten zu ernten und eine frische Frühlingsbutter zuzubereiten?

Menge	Zutat
250 g	Butter
	Salz
	Pfeffer
1	Limette
5 - 6	Schnittlauchblüten
1/2 Bund	Schnittlauch

Zubereitung

1. Die Butter weich werden lassen.

2. Mit einem knappen halben Teelöffel Salz und etwas Pfeffer verrühren.

3. Die Limette waschen und die Schale fein reiben. Den Saft der Limette auspressen. Etwas Limettenabrieb und etwas Saft zur Butter geben und abschmecken.

4. Schnittlauchblüten vorsichtig ausklopfen und die einzelnen Blüten abzupfen. Der Stiel wird nicht benötigt.

5. Die Schnittlauchhalme waschen und in feine Röllchen schneiden.

6. Die cremige Butter mit den Blüten und den Röllchen vermischen, in eine Form geben und kalt stellen.

Tipp:

Aus den Schnittlauchblüten lässt sich ein leicht süßlicher Essig herstellen. Dafür 500 ml Weißweinessig und 10 Schnittlauchblüten in ein großes Gefäß geben und 10 Tage durchziehen lassen. Das Ergebnis ist ein herrlich violetter Essig mit einer feinen Schnittlauchnote.

Verrückte Ideen...

Habt ihr schon mal Surströmming gegessen?

Wir schon! Aber nie wieder! Die Idee ist irgendwie an einem gemeinsamen Abend entstanden, vermutlich zur späteren Stunde, anders kann ich mir das nicht erklären. Und ich bin mir noch nicht sicher, ob es eine gute Idee war, zumindest war es eine sehr lustige Idee. Das Gefühl, Angst vor der eigenen Courage zu haben, war doch ziemlich präsent.

Wir haben in verschiedenen Schwedenforen viel über diese Dose gelesen. Wie man sie öffnet, wie man sie isst, was die Beilagen sind und dass manche Schweden es als Delikatesse ansehen. Wir haben allerdings auch die Videos zum Surströmming im Netz angeschaut und waren uns ziemlich unsicher, ob es echte oder gestellte Videos sind. Der Tag kam näher. Direkt nach der Arbeit sollte es losgehen. Für

den Notfall hatten wir auch etwas anderes zum Essen vorbereitet. Sicher ist sicher.

Die erste Hürde bemerkte mein Mann noch rechtzeitig. Ein alter Dosenöffner zum Öffnen fehlte. Zum Glück ist Karsten für all diese Momente ausgerüstet. Daran scheiterte es also nicht.

Jetzt die große Diskussion: einfach mal in die Dose piksen oder doch lieber unter Wasser öffnen? Und wo das Ganze am besten?

Wir entschieden uns für Sicherheit. Also die Dose unter Wasser im Garten öffnen...

Diese spannende Stille im Garten, alles starrt gebannt auf die Dose im Wasserbad. Und auf die beiden mutigen Männer in Handschuhen, die versuchen, die Dose aufzumachen. Die nächsten 30 Minuten überspringe ich einfach, besser ist besser.

Wollen wir das wirklich?

Nur so viel, die Fische haben sehr lange in unserer Außendusche geduscht, bis sich jemand überhaupt in ihre Nähe traute. Irgendwann, mit Wind im Rücken, hat Karsten todesmutig die Fische filetiert und die Gräten abgetrennt.

Optisch eine super Qualität! Für alles andere ist es besser, wenn man eine schwere Erkältung hat.

Wir haben einige Tipps beherzigt. Brot dick mit Butter bestreichen, saure Sahne darauf, dann Fisch, gekochte Kartoffel und vor allem viel Zwiebel, ganz viel Zwiebel, noch mehr Zwiebel.

So standen wir da mit unseren kleinen Türmchen. Und überlegten, wo wir sie überhaupt essen wollten. Vielleicht doch besser nicht auf der Terrasse sondern im Garten. Von den Mutigen 7 blieben am Ende 3. Die beiden Männer

und ich. Unsere Kinder hatten schon ziemlich schnell eine Entscheidung getroffen. Karstens Frau Michaela traute dem Braten, äh Fisch, auch nicht. Also Augen zu und durch. Das Schlimmste für mich an der Sache war, dass alle gespannt auf einen blickten und ich dann meistens nur noch lachen kann. Tja, ich habe nur noch gelacht und bin hochrot angelaufen. Was es nicht einfacher machte, dieses kleine, heftige Häppchen zu essen. Ich war leider nicht ganz bei der Sache und habe auch noch abgebissen. Hatte damit viel Fisch und wenig Drumherum im Mund.

Keine Beschreibung, keine Details. Nur so viel: Wir haben es geschafft, den Fisch zu essen und zu überleben. Ziemlich stolz. Nie wieder!

Die Bilder hinterher waren traumhaft und das Video erst recht. Für eine Mutprobe oder einen lustigen Abend mit Lachgarantie kann man das gut machen, aber auf gar keinen Fall wird das ein Lieblingsgericht.

Die Köttbullar und Kanelbullar danach waren traumhaft und haben uns den Fischgeschmack schnell vergessen lassen.

Köttbullar

Diese kleinen, herzhaften Hackbällchen mit der leicht süßlichen Rahmsauce kennen die meisten Menschen wohl von dem schwedischen Möbelhaus. Man muss jetzt nicht unbedingt Teelichter und Servietten kaufen, um diese leckeren schwedischen Hackbällchen zu essen. Denn wir haben hier ein einfaches und köstliches Rezept für euch. Schmeckt nicht nur nach dem Surströmming gut.

Menge	Zutat
125 ml	Milch
50 g	Paniermehl
2	Zwiebeln
1 TL	Öl
1	Ei
500 g	Hackfleisch
	Salz und Pfeffer
2 - 3 EL	Öl
1 - 2 TL	Tomatenmark
150 ml	Brühe
200 ml	Sahne
	Zucker
	Salz und Pfeffer
1 EL	Mehl
	Preiselbeeren

Zubereitung

1. Die Milch mit dem Paniermehl mischen und bis zur weiteren Verwendung beiseite stellen.

2. Die Zwiebel pellen und in feine Würfel schneiden.

3. In einer Pfanne einen Teelöffel Öl erhitzen und die Zwiebelwürfel leicht braun anbraten. Diese beiseite stellen und leicht abkühlen lassen.

4. Das Ei aufschlagen, mit dem Hackfleisch, einem Teelöffel Salz, einem halben Teelöffel Pfeffer, dem eingeweichten Paniermehl und der Hälfte der Zwiebelwürfel mischen und gut durchkneten. Wer es nicht roh abschmecken mag, formt eine ganz kleine Frikadelle und brät sie in dem Zwiebelfett an. Eventuell nachwürzen mit Salz und Pfeffer.

5. Den Backofen auf 120 °C Ober- und Unterhitze vorheizen.

6. Aus der Hackfleischmasse 25 - 30 kleine Hackbällchen formen. Diese in 1 - 2 Esslöffel Öl in einer Pfanne von allen Seiten im heißen Fett anbraten. Die Hackbällchen in eine Schale geben, diese mit Alufolie verschließen und in den vorgeheizten Ofen stellen.

7. Erneut einen Esslöffel Öl in die Pfanne geben und unter Rühren das Tomatenmark bräunen lassen.

8. Die restlichen Zwiebelwürfel dazugeben und weiter bräunen lassen. Zwischendurch mit etwas Wasser ablöschen und den Bratensatz loskochen.

9. Brühe und Sahne angießen und etwas einkochen lassen. Mit Zucker, Salz und Pfeffer abschmecken.

10. Mehl mit etwas Wasser anrühren und langsam in die Sauce rühren, kurz aufkochen lassen. Anschließend die Preiselbeeren nach Geschmack hinzugeben.

11. Als Beilage passt wunderbar cremiges Kartoffelpüree und Gurkensalat.

> *Tipp:*
>
> *Buffetmotto für die nächste Party gesucht? Warum nicht mal eine Hackbällchen-Party machen? Köttbullar, Tex-Mex-Frikadellen, Albondigas und Polpette al sugo. Alles lässt sich wunderbar vorbereiten und warm machen. Die Beilagen können aus Kartoffeln, Nudeln und frischen Salaten bestehen.*

Kanelbullar

Kanelbullar sind ein fluffiges Hefegebäck mit einer ordentlichen Portion Zimt. Sie sind nicht nur in Schweden beliebt. Sie duften so herrlich, dass man sie am liebsten direkt warm essen möchte. Eine sehr gute Idee! Einfach ein paar mehr zubereiten, dann haben ein paar Kanelbullar auch die Chance abzukühlen.

Menge	Zutat
250 ml	Milch
20 g	Frische Hefe
75 g	Weiche Butter
450 g	Weizenmehl 405 oder Dinkelmehl 630
1 Prise	Salz
50 g	Zucker
1 Tüte	Vanillezucker
etwas	Mehl für die Arbeitsfläche
100 g	Weiche Butter
70 g	Zucker
1 - 2 TL	Zimt
1 TL	Backkakao
1	Ei
1 EL	Milch
2 - 3 EL	Hagelzucker

Zubereitung

1. Die Milch ganz leicht erwärmen und in der Hälfte der Milch die Hefe auflösen, in der anderen Hälfte die Butter auflösen.

2. Mehl, Salz, 50 g Zucker und Vanillezucker in die Schüssel einer Küchenmaschine geben.

3. Die Hefemilch und die Butter-Milch mit dem Mehl für 5 Minuten auf kleinster Stufe kneten lassen. Danach weitere 5 Minuten auf nächster Stufe kneten, bis sich der Teig vom Schüsselrand löst.

4. Den Hefeteig zugedeckt an einem warmen Ort 1 - 2 Stunden gehen lassen, bis sich sein Volumen verdoppelt hat.

5. In der Zwischenzeit 100 g Butter mit 70 g Zucker schaumig schlagen. Je nach Geschmack 1 - 2 Teelöffel Zimt und 1 Teelöffel Backkakao hinzufügen.

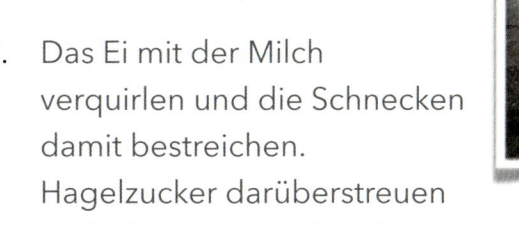

6. Den Hefeteig auf einer leicht bemehlten Fläche zu einem flachen Rechteck der Größe 60 x 40 cm ausrollen.

7. Die Zimt-Butter-Füllung darauf verteilen. Der Teig wird gedrittelt und von der kurzen Seite her zusammengefaltet. Erst das eine Drittel zur Mitte, dann das andere bündig darüber. Den Teig etwas platt drücken. Das Rechteck hat jetzt ca. die Größe 40 x 20 cm.

8. Mit einem Pizzaroller den Teig in 8 lange Streifen schneiden. Für die kleinen Kanelbullar den Teig etwas platt drücken, halbieren und wie eine Schnecke aufwickeln. Für die großen Kanelbullar die Streifen etwas aufdrehen und dann zur Schnecke aufrollen. Auf ein mit Backpapier ausgelegtes Backblech legen.

9. Das Ei mit der Milch verquirlen und die Schnecken damit bestreichen. Hagelzucker darüberstreuen und 30 Minuten gehen lassen.

10. Den Backofen auf 200 °C Ober- und Unterhitze aufheizen.

11. Die kleinen Schnecken 17 Minuten und die großen Schnecken 19 Minuten backen.

Sommer und Essen im Garten

Sommer und Essen im Garten

Die Luft ist herrlich warm. Überall surren die Insekten und die Sonne fühlt sich warm auf der Haut an.

Sommer, eine herrliche Jahreszeit. Wir können aus einer Fülle an regionalen Lebensmitteln schöpfen. Aromatische Tomaten, knackige Gurken, frische Bohnen, süße Kirschen, zarte Himbeeren, duftender Basilikum, intensiver Rosmarin und so vieles mehr. Im Sommer genießen wir nach der Arbeit oft erst den Garten und essen erst spät auf der Terrasse gemeinsam. Immer wieder verlagern wir die Vorbereitung fürs Kochen nach draußen. Der Pflanztisch wird schnell zur Arbeitsplatte umfunktioniert und der Grill wird zum Kochen benutzt. Um uns herum duften die Sommerblumen und die Kräuter.

Ein Meer an Inspirationen fürs Kochen!

Im Sommer bedienen wir uns gerne der leichten Küche, manchmal auch der schnellen Küche. Viele unserer Rezepte lassen sich wunderbar für ein Sommerfest im Garten für Freunde und Familie vorbereiten. Gibt es ein schöneres Gefühl, als mit lieben Leuten gemeinsam den Tisch zu decken, den Wein zu entkorken und den herrlichen Duft von köstlichem Essen in der Nase zu haben?

Lasst euch von Klassikern und neuen Rezepten inspirieren. Wie wäre es mit einem Sommersalat aus kalter, saftiger Wassermelone gemischt mit salzigem Feta und aromatischer Minze? Hier könnt ihr mit ganz wenig Zutaten ganz viel Aroma auf den Teller bringen.

Oder mögt ihr an heißen Tagen lieber eine kalte Fruchtsuppe mit „Omas Grießklütschen"? Hier passen wunderbar knackige Kirschen dazu.

Vielleicht liebt ihr auch das gemeinsame Grillen und braucht noch ein paar Anregungen für Salate und Dips? Dann seid ihr in diesem Kapitel genau richtig.

Obstsuppe mit Grießnocken

Wenn die Temperaturen herrlich sommerlich sind, ist es genau die richtige Zeit für kalte Fruchtsuppen. Wenn dann noch leckere Grießnocken oder, besser gesagt, „Grießklütschen" als Einlage mit in die Suppe kommen, werden spätestens dann Kindheitserinnerungen wach.

Menge	Zutat
1	Bio-Zitrone
400 ml	Milch
100 ml	Sahne
1 Tüte	Vanillezucker
2 - 3 EL	Zucker
100 g	Grieß
250 g	Äpfel
1 Glas	Sauerkirschen (720 g)
700 ml	Kirschsaft
360 g	Apfelmus
Etwas	Zucker
evtl.	Speisestärke

Zubereitung

1. Die Zitrone waschen und die Schale vorsichtig abreiben. Anschließend die Zitrone auspressen.

2. Für den Grießbrei die Milch mit der Sahne, einer Tüte Vanillezucker, 2 - 3 Esslöffeln Zucker und etwas Zitronenabrieb aufkochen. Wenn die Milch kocht, den Grieß einrühren und unter Rühren einmal aufkochen lassen. Den Grießbrei in eine flache Form füllen und kalt stellen.

3. Äpfel schälen, entkernen und in kleine Stücke schneiden.

4. Sauerkirschen abgießen und Saft auffangen.

5. Für die Suppe den Kirschsaft mit dem Apfelmus, dem Sauerkirschsaft, dem Saft einer Zitrone und etwas Zucker aufkochen.

6. Die Apfelwürfel 4 Minuten kochen lassen. Sie sollen bissfest sein. Die Sauerkirschen hinzugeben und die Suppe evtl. mit Zucker abschmecken.

7. Ist die Suppe etwas zu flüssig, 1 - 2 Teelöffel Speisestärke mit 50 ml kaltem Wasser anrühren und unter Rühren der kochenden Suppe zugeben. Eine weitere Minute kochen lassen.

8. Die Suppe in eine große Schale umfüllen und kalt stellen.

9. Aus dem festen Grießbrei werden mit 2 Esslöffeln Nocken abgestochen. Die Nocken in die Suppe gleiten lassen, diese wieder kalt stellen und später kalt genießen.

Tipp:

Für Leckermäuler kann man die Grießnocken auch zusätzlich mit 3 EL Backkakao verfeinern. Diesen mit der Milch aufkochen.

Die Fruchtsuppe lässt sich in sehr vielen Geschmacksrichtungen herstellen. Einfach die Apfelmenge austauschen gegen Erdbeeren, Blaubeeren oder Nektarinen. Diese allerdings nur 2 Minuten kochen lassen.

Sehr erfrischend wird sie, wenn man 2 - 3 Zweige Minze mitkocht. Nach dem Kochen aus der Suppe herausnehmen.

Für den Spätsommer eignen sich wunderbar Birnen als Einlage. Hierfür eine Stange Zimt mit aufkochen.

Blumenkohl-Zucchini-Suppe

So einfach und so lecker. Herrlich duftender Parmesan vermischt sich mit feinem Blumenkohl- und Knoblaucharoma. So geht Sommer in der Suppenschüssel.

Menge	Zutat
1	Zwiebel
2	Knoblauchzehen
1	Blumenkohl
2	Zucchini
1 El	Öl
80 g	Pinienkerne
100 g	Parmesan
200 ml	Schlagsahne
150 g	Knoblauch-Frischkäse
	Salz
	Pfeffer
Etwas	Zucker
1 - 1,5 L	Wasser oder Gemüsebrühe

Zubereitung

1. Die Zwiebel pellen und in feine Würfel schneiden.

2. Den Knoblauch pellen und fein hacken oder mit einer Knoblauchpresse pressen.

3. Den Blumenkohl und die Zucchini waschen. Das Gemüse putzen und klein schneiden.

4. Das Öl erhitzen, die Zwiebeln glasig anbraten, dann den Knoblauch hinzugeben und kurz mitbraten lassen.

5. Den Blumenkohl und die Zucchini dazugeben und 2 Minuten mitbraten.

6. Pinienkerne hinzugeben und kurz mit anrösten.

7. Mit 1 - 1,5 Liter Wasser oder Gemüsebrühe auffüllen. 2 Teelöffel Salz hinzufügen. Alles 15 - 20 Minuten kochen lassen, bis das Gemüse weich ist.

8. Parmesan grob reiben und zur Suppe geben.

9. Sahne und Frischkäse ebenfalls zur Suppe geben, alles pürieren, kurz aufkochen und mit Salz, Pfeffer und Zucker abschmecken.

Tipp:

Ein paar Röschen vom Blumenkohl beiseite legen und mit Öl vermischen. Diese in einer Auflaufform bei 180 °C für 20 Minuten im Backofen bräunen und als Einlage zum Schluss zur Suppe geben.

Spanische Bohnensuppe

Diesen typischen Schnippelbohnen-Eintopf haben wir mediterran abgewandelt und ihm damit einen neuen Geschmack verliehen. Chorizo und Rauchpaprika setzen die Stangen- oder Buschbohnen ganz neu in Szene. Der typische süß-saure Geschmack rundet den Eintopf herrlich ab.

Menge	Zutat
2	Zwiebeln
1	Knoblauchzehe
200 g	Möhren
100 g	Wurzelpetersilie
100 g	Knollensellerie
100 g	Porree
400 g	Festkochende Kartoffeln
600 g	Stangenbohnen oder Buschbohnen
200 g	Chorizo
2 EL	Öl
1 - 2 EL	Weißweinessig oder Balsamico bianco
1 EL	Zucker
1,5 L	Wasser
	Salz und Pfeffer
1 EL	Rauchpaprikapulver
1 TL	Senf

Zubereitung

1. Die Zwiebeln und den Knoblauch pellen und in kleine Würfel schneiden.

2. Möhren, Wurzelpetersilie und Knollensellerie schälen. Wurzelpetersilie und Sellerie in kleine Würfel schneiden. Die Möhren in etwas größere Würfel schneiden.

3. Den Porree waschen und in feine Ringe schneiden.

4. Kartoffeln schälen und in 1 cm große Würfel schneiden.

5. Bohnen waschen und putzen und in 2 - 3 cm lange Stücke schneiden.

6. Chorizo vierteln und in Stücke schneiden.

7. Das Öl in einem großen Topf erhitzen und die Chorizostücke darin anbraten. Chorizo aus dem Topf nehmen und zur Seite stellen.

8. Die Zwiebeln in dem Öl anbraten, bis sie leicht goldgelb sind. Den Knoblauch hinzufügen und kurz mitbraten. Mit Essig ablöschen, Zucker dazugeben und mit Wasser aufgießen. 3 Teelöffel Salz hinzufügen und das Wasser erhitzen.

9. Möhren, Wurzelpetersilie, Knollensellerie und Porree dazugeben und 10 Minuten kochen lassen. Die Kartoffelwürfel und Bohnenstücke dazugeben und weitere 20 Minuten kochen lassen.

10. Die angebratene Chorizo in die Suppe geben. Das Rauchpaprikapulver und den Senf ebenso dazugeben und gut unterrühren.

11. Alles mit Salz, Pfeffer, Paprika und etwas Zucker abschmecken.

Tipp:

Wer es noch etwas herzhafter mag, brät am Anfang 200 g Speckwürfel zusammen mit der Chorizo an.

Paprika-Feta-Gemüse

Eine leckere Beilage zum Grillen, ein schnelles Mittagessen oder ein warmes Gericht für das Buffet? Dann ist das Paprika-Zwiebel-Feta-Gemüse genau das Richtige. Herrlich einfach herzustellen. Genau das, was man im Sommer braucht, wenn sich Gäste spontan angekündigt haben.

Menge	Zutat
2	Zwiebeln
2	Knoblauchzehen
1	Paprika rot
1	Paprika gelb
200 g	Feta
1 TL	Italienische Kräuter
3 EL	Olivenöl
	Salz und Pfeffer

Zubereitung

1. Die Zwiebeln pellen und und in lange Streifen schneiden.

2. Den Knoblauch pellen und fein hacken oder mit einer Knoblauchpresse pressen.

3. Paprika waschen und in lange Streifen schneiden.

4. Feta in Würfel schneiden.

5. Den Backofen auf 180 °C Umluft vorheizen.

6. Alles mit einem halben Teelöffel Salz und Pfeffer, den Kräutern und dem Olivenöl mischen und in einer Auflaufform bei 180 °C Umluft für 20 - 30 Minuten backen.

7. Nach 20 Minuten ist das Gemüse noch bissfest. Nach 30 Minuten etwas weicher.

Tipp:

Das Paprika-Feta-Gemüse lässt sich auch wunderbar auf dem Grill zubereiten. Dafür portionsweise das Gemüse in kleine Päckchen aus Alufolie geben und für 20 Minuten auf dem Grillrost grillen.

Wassermelone mit Feta

Ganz wenige Zutaten, ganz viel Aroma! Der salzige Feta mischt sich mit der fruchtigen Melone und der intensiven Minze. Schnell noch etwas Pfeffer über den Salat und fertig ist eine erfrischende Grillbeilage.

Menge	Zutat
1 kl.	Wassermelone
200 g	Feta
2	Minzezweige
2 EL	Olivenöl
4 EL	Balsamico bianco
1 TL	Zucker
	Salz und Pfeffer

Zubereitung

1. Die Wassermelone halbieren und das Fruchtfleisch mit einem Kugelausstecher ausstechen.

2. Den Feta abgießen und würfeln.

3. Die Minze waschen und die Blätter fein hacken.

4. Melone, Feta und Minze vorsichtig in einer Schale mischen.

5. Dressing aus Öl, Balsamico, Zucker, Salz und Pfeffer verrühren und vorsichtig unter den Salat heben.

> *Tipp:*
>
> *Die Wassermelone gegen Honigmelone tauschen und Mozzarella statt Feta nehmen.*

Gurkensalat

Frisch, schlicht, köstlich! Mehr Worte braucht ein Gurkensalat nicht. Eine geliebte Beilage zum Grillen, zum Gulasch, für Hühnerfrikassee oder zu Fisch. Schnell gemacht und alle lieben es.

Menge	Zutat
3	Schlangengurken
1	Rote Zwiebel
6 EL	Weißweinessig
4 EL	Wasser
1,5 TL	Salz
0,5 TL	Pfeffer
50 g	Zucker
1 TL	Dill

Zubereitung

1. Die Gurken waschen, schälen und in dünne Scheiben hobeln. Bei Bio-Gurken die Gurke nur waschen und mit der Schale in dünne Scheiben hobeln.

2. Die Zwiebel pellen und in feine Würfel schneiden.

3. Dressing aus Weißweinessig, Wasser, Salz, Pfeffer und Zucker verrühren. Die Zwiebelwürfel darin für einige Minuten ziehen lassen.

4. Frischen Dill waschen und fein hacken. Alternativ gefrorenen Dill nehmen. Den Dill unter das Dressing rühren und über die Gurkenscheiben gießen und alles durchrühren.

5. 30 Minuten durchziehen lassen und servieren.

Tipp:

Für die Farbenvielfalt auf dem Teller noch eine Tomate in dünne Scheiben schneiden und unterrühren.

Steak-Sauce

Leicht süßlicher Geschmack, rauchige Note, cremige Konsistenz, Schärfe im Abgang. Könnte auch nach Whisky klingen, ist es aber nicht, denn hier geht es um eine Steak-Sauce. Einer der Klassiker unter den Saucen zum Grillen. Einfach gemacht und gut auf Vorrat für die nächsten Grillpartys vorzubereiten.

Menge	Zutat
250 g	Knollensellerie
500 ml	Rotwein
500 g	Passierte Tomaten
250 g	Zuckerrübensirup
125 ml	Balsamico
60 g	Senf
60 ml	Worcestersauce
2 TL	Salz
1 TL	Rauchpaprika
1 TL	Chilipulver
0,5 TL	Curry
1 TL	Kreuzkümmel

Zubereitung

1. Den Knollensellerie schälen und in kleine Würfel schneiden.

2. Den Rotwein in einen großen Topf geben und 5 Minuten offen kochen lassen.

3. Die Selleriewürfel dazugeben und 10 Minuten kochen lassen.

4. Passierte Tomaten, Zuckerrübensirup, Balsamico, Senf Worcestersauce und Salz ebenso hinzugeben und alles für 20 - 30 Minuten unter Rühren kochen lassen.

5. Die heiße Sauce vorsichtig ganz fein pürieren und mit Rauchpaprika, Chilipulver, Curry und Kreuzkümmel abschmecken. Ist die Sauce noch zu flüssig, diese weitere 10 - 15 Minuten unter Rühren einkochen lassen.

6. Schraubverschluss-Gläser und Deckel heiß ausspülen und die noch heiße Sauce hineingeben. 1 cm Luft bis zum Rand lassen. Gläser sofort verschließen.

7. Den Backofen auf 120 °C Ober- und Unterhitze vorheizen.

8. Die Gläser auf ein Backblech stellen, in den Ofen schieben und das Blech 1,5 cm hoch mit warmem Wasser füllen. Für 30 Minuten im Ofen bei 120 °C einkochen. Anschließend abkühlen lassen. Wenn die Gläser luftdicht verschlossen sind, halten sie sich so ca. 1 Jahr bei Zimmertemperatur.

Tipp:

Für etwas mehr Rauchgeschmack in der Sauce 1 EL rauchigen Whisky zum Schluss unterrühren.

Zwiebelmarmelade

So herrlich vielseitig einsetzbar. Als feiner Aufstrich zu kräftigem Käse, auf Burgerbrötchen als Unterlage unter dem Fleischpatty oder als herrlicher Dip zu Grissini und Crackern.

Menge	Zutat
250 g	Rote Zwiebeln
250 g	Schalotten
1/2	Chili
1 EL	Öl
125 ml	Himbeerbalsamico
50 g	Rohrzucker
1	Rosmarinzweig
1 TL	Ahornsirup
	Salz und Pfeffer

Zubereitung

1. Die Zwiebeln und Schalotten pellen und in feine Streifen schneiden.

2. Die halbe Chili waschen und sehr fein hacken.

3. Den Rosmarinzweig waschen und trocknen.

4. Das Öl erhitzen, die Zwiebeln darin leicht braun braten.

5. Nun die fein gehackte Chili hinzufügen.

6. Den Zucker dazugeben und unter Rühren leicht karamellisieren lassen. Mit dem Balsamico ablöschen.

7. Den Rosmarin hinzugeben und alles köcheln lassen, bis es anfängt anzudicken.

8. Mit Salz, Pfeffer und Ahornsirup abschmecken.

9. Entweder sofort verzehren oder gleich heiß in kleine Gläser mit Schraubdeckel füllen, fest verschließen und im Kühlschrank 3 - 4 Wochen aufbewahren.

10. Für den größeren Vorrat die Zwiebelmarmelade einkochen.

11. Den Backofen auf 120 °C Ober- und Unterhitze vorheizen.

12. Die verschlossenen Gläser in die Fettpfanne vom Backofen stellen.

13. Vorsichtig das Blech in den Ofen stellen. Jetzt etwa 1,5 cm hoch Wasser in das Blech gießen und die Gläser für 30 Minuten im Ofen einkochen lassen.

Tipp:

Einfach etwas mehr auf Vorrat kochen und die Zwiebelmarmelade als kleines Mitbringsel im Weckglas verschenken.

Pesto-Bohnen mit Pasta

Aromatisches Pistazienpesto und eine Handvoll knuspriger Speck geben dem ligurischen Traditionsgericht ein neues Gesicht. Die Pinienkerne lassen den Pistazienkernen den Vortritt und die Kartoffelstücke verzichten auf ihren Auftritt zu Gunsten von Schalottenringen und Speckwürfeln. Vorhang auf für ein neues Geschmackserlebnis.

Menge	Zutat
2	Bund Basilikum
2	Knoblauchzehen
125 g	Pistazienkerne ohne Schale
100 ml	Olivenöl
	Salz und Pfeffer
500 g	Buschbohnen
1	Schalotte
100 g	Speckwürfel
1 EL	Olivenöl
50 g	Pinienkerne
500 g	Linguine
50 g	Parmesan

Zubereitung

1. Basilikum waschen, trocknen, die Blätter vom Stiel zupfen und die Blätter grob durchhacken.

2. Knoblauchzehen pellen und fein hacken.

3. Die Pistazienkerne in ein Handtuch legen und kräftig reiben und schütteln. Dabei fallen die braunen Häutchen ab. 100 g der grünen Pistazien mit Knoblauch, Basilikum und Olivenöl in ein hohes Gefäß geben. Mit dem Pürierstab zu einem feinen Pesto pürieren. 1/4 Teelöffel Salz und wenig Pfeffer hinzugeben. Wenn das Pesto zu fest sein sollte, etwas Olivenöl hinzugeben und erneut pürieren.

4. Buschbohnen waschen und putzen.

5. Eine Schalotte pellen und in feine Ringe schneiden. Zusammen mit den Speckwürfeln in einem Esslöffel Olivenöl knusprig braten und zur Seite stellen.

6. Die restlichen Pistazienkerne zusammen mit den Pinienkernen in einer Pfanne goldgelb rösten.

7. Die Bohnen in Salzwasser für 10 -15 Minuten gar kochen und abgießen.

8. Die Linguine nach Packungsanleitung in Salzwasser al dente kochen. Vom Nudelwasser eine Schöpfkelle abnehmen und mit dem Pesto verrühren. Den Parmesan reiben und unter das Pesto heben. Die Pasta in eine große Schale geben.

9. Die Bohnen mit dem Pesto mischen und über die Pasta geben. Die Speck-Zwiebelmischung darübergeben und zum Schluss mit den Pinien- und Pistazienkernen bestreuen.

> *Tipp:*
>
> *Traditionell wird dieses Gericht statt mit Speck mit Kartoffeln zubereitet. 2 Kartoffeln schälen, in Würfel schneiden und gar kochen. Diese zum Schluss unter die Pestobohnen heben.*

Raviolo in Salbei-Butter

Pasta selber machen?! Es ist zwar mehr Arbeit, als einfach Nudeln zu kaufen, aber es lohnt sich auch so viel mehr. Ladet Freunde ein und feiert eine Nudel-Selbstmach-Party! Schnell werdet ihr merken, wie viel Spaß es macht, den Nudelteig mit der Maschine oder dem Nudelholz sehr fein auszurollen. Und wenn dann noch so etwas Besonderes auf dem Teller landet, ist der Abend einfach gelungen. Cremiges Eigelb trifft auf al-dente-Pasta und fein würzige Salbei-Butter.

Menge	Zutat
140 g	Eier (2 Eier und etwas vom Eiweiß)
4	Eigelb für die Füllung
250 g	Mehl 405 oder Tipo 00
1 EL	Olivenöl
80 g	Butter
2 - 3	Salbeistiele
1 - 2 EL	Zitronensaft
Etwas	Zitronenabrieb von einer Bio-Zitrone
100 g	Gartengemüse-Frischkäse oder Ricotta
20 g	Parmesan gerieben
0,5 TL	Salz
1,5 L	Salzwasser
1 EL	Mehl zum Ausrollen
	Pfeffer, frisch gemahlen

Zubereitung

1. Die 4 Eier für das Eigelb trennen und das Eigelb jeweils vorsichtig einzeln in eine kleine Schale legen. Eiweiß beiseite stellen. 140 g Eier abwiegen, hierfür 2 Eier mit etwas vom abgetrennten Eiweiß nehmen und in eine Schüssel geben.

2. Mehl, 140 g Eier, 1 Esslöffel Olivenöl und 0,5 Teelöffel Salz mit der Küchenmaschine oder mit den Händen für 10 Minuten zu einem festen Nudelteig kneten. Anschließend flach drücken und in Frischhaltefolie gewickelt für mindestens 30 Minuten in den Kühlschrank legen.

3. In der Zwischenzeit die Butter in einer Pfanne schmelzen lassen, die gewaschenen Salbeistiele bei leichter Hitze in der Butter schwenken. Die Pfanne vom Herd nehmen und den Salbei in der Pfanne liegen lassen. Die Zitrone waschen und etwas von der Schale abreiben, anschließend den Saft auspressen. Ein wenig Zitronenschale und 1 - 2 Esslöffel Zitronensaft zur Salbeibutter geben.

4. Den Nudelteig aus dem Kühlschrank nehmen, halbieren und leicht bemehlen. Mit der Nudelmaschine oder dem Nudelholz eine Nudelteigbahn sehr dünn ausrollen. Mit einem Kreisausstecher oder einem Glas (Ø ca. 10 cm) 4 Kreise markieren.

5. Etwas Frischkäse oder Ricotta in die Mitte der Kreise geben.

6. Den geriebenen Parmesan darüberstreuen und eine kleine Mulde hineindrücken. Das Eigelb hineinsetzen.

7. Die Kreise um den Frischkäse ganz dünn mit Eiweiß bestreichen. Eine zweite Nudelteigbahn ausrollen, über die Frischkäsebahn legen, Luft herausdrücken, Teigrand andrücken und die Ravioli mit dem Ausstecher ausstechen.

8. Salbeibutter in der Pfanne erhitzen. Salzwasser im Topf zum Kochen bringen, Ravioli ins Wasser gleiten lassen und 5 Minuten im knapp köchelnden Wasser gar ziehen lassen. Mit der Schaumkelle aus dem Wasser heben und in der heißen Salbeibutter kurz durchschwenken. Mit der Butter und frisch gemahlenem Pfeffer anrichten.

Spaghetti mit Tomatensauce

Lieblingsrezepte? Warum tauchen da bloß immer wieder Nudeln auf? Nudeln gehen halt immer, die Italiener wissen schon, warum. Sie machen nicht nur satt, sondern vor allem glücklich! Mit der Familie am Tisch sitzen und die dampfende Nudelschale kommt auf den Tisch, dazu eine köstliche Sauce…

Menge	Zutat
2	Zwiebeln
2	Knoblauchzehen
3 EL	Olivenöl
100 g	Getrocknete Tomaten in Öl
200 ml	Sahne
1 - 2 EL	Tomatenmark
150 ml	Passierte Tomaten
1/2 Bund	Lauchzwiebeln
200 g	Cherrytomaten
	Salz und Pfeffer
1 TL	Zucker
1 TL	Italienische Kräuter
1	Rosmarinzweige
4	Scampispieße tiefgekühlt
500 g	Spaghetti
150 g	Parmesan

Zubereitung

1. Die Zwiebeln pellen und in feine Würfel schneiden. Knoblauch pellen und sehr fein hacken.

2. Zwei Esslöffel Olivenöl in einer Pfanne erhitzen und die Zwiebeln und den Knoblauch darin glasig dünsten.

3. Getrocknete Tomaten fein schneiden und zu den Zwiebeln geben. Sahne angießen und kurz köcheln lassen. Das Tomatenmark hinzugeben, unterrühren und mit passierten Tomaten aufgießen.

4. Lauchzwiebeln waschen, die Wurzelenden entfernen und die Zwiebeln in feine Ringe schneiden, mit den halbierten Cherrytomaten in den Topf geben und köcheln lassen.

5. Mit je 1 Teelöffel Salz, Zucker, italienischen Kräutern und 0,5 Teelöffeln Pfeffer würzen.

6. Den Rosmarinzweig waschen und zur Sauce geben.

7. Scampispieße antauen lassen und mit einem Küchentuch abtrocknen.

8. In der Zwischenzeit die Spaghetti in Salzwasser al dente kochen.

9. Den Parmesan fein reiben.

10. In einer Pfanne 1 Esslöffel Olivenöl erhitzen und die Scampispieße von jeder Seite für 2 - 3 Minuten braten. Mit Salz und Pfeffer würzen.

11. Die Spaghetti abgießen, mit der Sauce mischen, den Parmesan darüberstreuen und die Scampispieße darauf anrichten.

Tipp:

Noch etwas mehr Aroma an die Scampispieße? Dann von einer Bio-Zitrone mit einem Messer dünn die Schale abschneiden, diese mit einer gepellten Knoblauchzehe und einem gewaschenen Rosmarinzweig in 2 EL Olivenöl sanft erhitzen und leicht köcheln lassen. Alles wieder herausnehmen, das Öl stärker erhitzen und die Spieße darin braten.

Thai-Sweet-Chili-Salat

Pasta mal ganz anders. Oder besser gesagt: Asien trifft den deutschen Sommergemüsegarten. Der asiatische Touch gibt diesem Gericht eine herrliche Leichtigkeit für den Sommer. Der Salat schmeckt warm und frisch serviert einfach köstlich. Das Dressing bringt eine leichte Schärfe, Süße sowie eine feinherbe Limettensäure mit. Die warmen Nudeln bilden den Kontrast zum kühlen Salat. Die knackigen Cashewkerne runden das Ganze ab. Viel Spaß beim Genießen!

Menge	Zutat
1	Knoblauchzehe
1	Rote Zwiebeln
1	Eisbergsalat oder Romanasalat
1	Möhre
1	Schlangengurke
200 g	Cherrytomaten
2 - 3	Lauchzwiebeln
50 - 100 g	Cashewkerne
6 EL	Sweet Chili Sauce
2 EL	Limettensaft
2 EL	Sojasauce
1 EL	Ahornsirup
2 EL	Sesamöl oder ein anderes Öl
250 g	Hähnchenbrust
2 EL	Öl zum Anbraten
	Salz und Pfeffer
400 g	Mie-Nudeln oder Spaghetti

Zubereitung

1. Den Knoblauch pellen und sehr fein hacken. Die rote Zwiebel ebenso pellen und in feine Würfel schneiden.

2. Den Salat waschen, trocken schleudern, putzen und fein schneiden. Die Möhre in feine Streifen schneiden oder grob raspeln. Die Gurke waschen, vierteln und in Stücke schneiden. Cherrytomaten waschen und vierteln.

3. Lauchzwiebeln waschen, Wurzeln entfernen und die Zwiebeln in feine Ringe schneiden.

4. Cashewkerne bei wenig Hitze in einer Pfanne leicht braun anrösten. Immer wieder schwenken, damit sie nicht zu dunkel werden.

5. Chilisauce mit Limettensaft, Sojasauce, Ahornsirup, Knoblauch und Zwiebelwürfeln sowie einem halben Teelöffel Salz und einem halben Teelöffel gemahlenem Pfeffer verrühren. Nun das Sesamöl kräftig unterrühren. Wem das Sesamöl zu intensiv ist, nimmt Raps- oder Sonnenblumenöl. Oder einfach ein Olivenöl, das bringt hier den mediterranen Hauch noch mit ins Spiel.

6. Hähnchenbrust waschen, abtrocknen und in feine Würfel schneiden. Öl in einer Pfanne erhitzen und die Hähnchenbrustwürfel kräftig anbraten. Wenn sie schön braun sind, aus der Pfanne nehmen und beiseite stellen. Mit Salz und Pfeffer würzen.

7. Den Salat in eine große Schüssel geben.

8. Nudeln in Salzwasser kochen und abtropfen lassen. Die Nudeln zurück in den Topf geben und mit dem Dressing vermengen. Die Hähnchenwürfel dazugeben und unterheben.

9. Die Nudeln mit dem Fleisch über den Salat geben. Gurken, Tomaten und Möhren über die Nudeln streuen und kurz untermischen.

10. Zuletzt die angerösteten Cashewkerne und Lauchzwiebeln darüberstreuen. Warm servieren und sofort genießen.

Tipp:

Wer es etwas schärfer mag, nimmt zusätzlich 1 - 2 Chilis und 4 Knoblauchzehen für das Dressing.

Gemüse-Antipasti

Stellt euch einen gemütlichen Abend mit Freunden vor. Der Wein und das Brot stehen bereits auf dem Tisch, die Stimmung ist fröhlich und heiter. In der Küche brutzelt schon die Lasagne im Ofen und ihr serviert diese herrliche Gemüsevorspeise. Ein rundum gelungener Abend. Auf was wartet ihr noch? Telefon schnappen, Freunde einladen und Zutaten einkaufen.

Menge	Zutat
1	Knoblauchknolle
4	Möhren
1	Aubergine
1	Zucchini
1	Rote Paprika
5	Bratpaprika
200 g	Champignons
5	Schalotten
	Olivenöl
	Salz und Pfeffer
1	Rosmarinzweig
1 TL	Zucker
50 ml	Balsamico

Zubereitung

1. Den Backofen auf 180 °C vorheizen. Vom Knoblauch die obere Spitze abschneiden, so dass die kleinen Zehen sichtbar werden. In eine Auflaufform setzen und etwas Olivenöl auf den Knoblauch geben. 30 Minuten im Backofen backen.

2. Die Möhren schälen und in gleichmäßige schräge Scheiben schneiden. Die Aubergine und die Zucchini waschen, beide Enden entfernen und in gleich dicke Scheiben schneiden. Die Paprika waschen und in gleich große Vierecke schneiden. Die Bratpaprika waschen.

3. Die Pilze waschen, putzen, vom Stiel eine Scheibe abschneiden und anschließend vierteln. Die Schalotten pellen.

4. Etwas Olivenöl in einer Pfanne erhitzen. Die Möhren für 5 - 6 Minuten braten, immer wieder wenden, dann auf einen Teller legen.

5. Die Scheiben der Aubergine und Zucchini nacheinander im Olivenöl für 3 - 4 Minuten von jeder Seite braten. Evtl. etwas Olivenöl nachgießen. Wenn die Scheiben leicht braun sind, ebenfalls auf einen Teller geben.

6. Die Paprika unter Wenden 3 - 4 Minuten braten. Beiseite stellen. Die Pilze insgesamt 8 Minuten unter Rühren anbraten.

7. Die Schalotten bei etwas weniger Hitze 5 Minuten braten. 1 Teelöffel Zucker über die Schalotten geben und unter Rühren leicht karamellisieren lassen. Mit dem Balsamico ablöschen. Von einem gewaschen Rosmarinzweig einige Nadeln zum Balsamico geben und kurz mitkochen lassen.

8. Die Gemüsesorten salzen, pfeffern und auf einer Platte nach Sorten anrichten. Den gebackenen Knoblauch in die Mitte der Platte setzen.

9. Die Balsamico-Reduktion über das Gemüse geben.

> **Tipp:**
>
> *Wer es etwas schneller zubereiten möchte, legt alle Gemüsesorten auf ein Blech, vermischt 4 EL Olivenöl mit 2 TL Salz und den Rosmarinnadeln und gibt es über das Gemüse. Im Ofen bei 180 °C für 20 Minuten backen. Dabei immer mal wieder die Ofentür öffnen, so dass die Feuchtigkeit entweichen kann.*

Sauce Rouille

Eine Rouille wird in Frankreich traditionell zu einer Fischsuppe gegessen. Hierfür eine ordentliche Scheibe geröstetes Baguette nehmen, dick mit Sauce Rouille einstreichen und zur Suppe genießen. Die herrlichen Aromen der gegrillten Paprika und des gerösteten Knoblauchs passen allerdings auch wunderbar zu gegrilltem Gemüse. Wir verlängern die Rouille dafür einfach mit etwas Brühe, damit sie schön mit dem Gemüse gedippt werden kann.

Menge	Zutat
1	Knoblauchknolle
1	Kartoffel
1	Rote Paprika
1	Chili
1 Prise	Zucker
	Salz und Pfeffer
100 ml	Olivenöl
50 - 70 ml	Gemüsebrühe

Zubereitung

1. Den Backofen auf 200 °C vorheizen. Vom Knoblauch die obere Spitze abschneiden, so dass die kleinen Zehen sichtbar werden. Den Knoblauch in eine Auflaufform setzen.

2. Die Kartoffel schälen, in kleine Würfel schneiden und in die Auflaufform legen.

3. Die Paprika waschen, den Boden abschneiden und die Seiten vom Stengel und den Kernen befreien.

4. Mit der Hautseite nach oben zum Knoblauch und zur Kartoffel in die Auflaufform geben und alles ca. 20 - 30 Minuten im Backofen backen, bis die Haut der Paprika schwarz wird und Blasen schlägt. Die Kartoffelwürfel müssen weich sein und der Knoblauch kommt leicht nach oben aus der Haut heraus.

5. Die Paprika kurz abkühlen lassen und die Haut abziehen. Die Paprikafilets fein hacken.

6. Die Chili waschen und sehr fein hacken.

7. Den Knoblauch aus der Haut drücken und die Zehen zusammen mit den Paprikafilets, einer Prise Zucker, etwas Salz und Pfeffer vermischen. Die Kartoffelwürfel dazugeben und mit dem Stabmixer pürieren. Das Öl nach und nach untermixen. Je nach gewünschter Schärfe die

Chili dazu geben und pürieren. Jetzt sollte die Sauce Rouille eine Konsistenz ähnlich einer Mayonnaise haben.

8. Für Ofengemüse die Rouille mit der Gemüsebrühe verlängern und kurz pürieren, anschließend mit Salz, Pfeffer und Zucker abschmecken.

> *Tipp:*
>
> *Verschiedene Gemüsesorten wie bei den Gemüse-Antipasti vorbereiten und in gleichmäßige Stücke schneiden. 1,5 kg Gemüse, 4 EL Öl, 2 TL Salz, 1 TL Pfeffer, 2 TL italienische Kräuter, 0,5 TL Paprikapulver vermischen. Auf ein Backblech geben und in den vorgeheizten Backofen bei 180 °C Umluft 30 - 35 Minuten backen. Die Feuchtigkeit immer wieder aus dem Ofen lassen. Wenn das Gemüse leicht bräunt, aus dem Ofen nehmen und mit der cremigen Rouille servieren.*

Bunte Focaccia

Einfach mal der Kreativität freien Lauf lassen! Dabei auch noch ganz viel Spaß haben und eigentlich wieder Kind sein! Wünscht sich das nicht jeder von uns mal? Dann wird es Zeit für dieses super einfache Rezept mit garantiertem Spaßfaktor! Schnappt euch alles an Gemüse- und Kräuterresten und los geht's. In der Zeit, wo der Hefeteig geht, einfach schon mal schnippeln und Bilder legen.

Menge	Zutat
1 kg	Weizenmehl 550 oder Dinkelmehl 630
20 g	Salz
42 g	Frische Hefe
600 ml	Wasser
4 EL	Olivenöl
etwas	Mehl für die Arbeitsplatte
	Gemüse: Paprika, rote Zwiebeln, Tomaten, Möhren
	Kräuter: Rosmarin, Schnittlauch, Rucola, Salbei, Thymian
2 EL	Olivenöl für den Teig

Zubereitung

1. Mehl und Salz in die Schüssel einer Küchenmaschine geben. Hefe fein über das Mehl krümeln. Lauwarmes Wasser über die Hefe gießen.

2. Alle Zutaten mit der Küchenmaschine auf kleinster Stufe mit dem Knethaken für 3 Minuten kneten. Jetzt 4 Esslöffel Öl hinzugeben und für weitere 7 Minuten auf der nächsthöheren Stufe kneten. Es sollte ein sehr homogener Teig entstehen.

3. 60 - 90 Minuten den Teig bei Zimmertemperatur zugedeckt gehen lassen. Einmal nach 20 Minuten den Teig von außen zur Mitte hin falten.

4. Jetzt Gemüse und Kräuter aussuchen, waschen, nach Herzenslust schneiden und Motive legen.

5. Etwas Mehl auf eine Arbeitsplatte geben und den Teig mit den Händen zu einem Rechteck drücken.

6. Den Backofen auf 200 °C Ober- und Unterhitze vorheizen.

7. Den Teig auf ein Backblech legen, mit 1 Esslöffel Öl bestreichen und mit den Händen den Teig auf dem Backblech verteilen.

8. Jetzt die Gemüsebilder in den Teig drücken. Die Focaccia weitere 20 Minuten gehen lassen und für 20 Minuten bei 200 °C backen.

Tipp:

Den Teig mit 10 g Hefe zubereiten und über Nacht im Kühlschrank gehen lassen.

Kochen nach Gefühl?!

Oder sollte man besser sagen, quatschen in der Küche? Obwohl ja einer von uns beiden von sich selbst behauptet, er würde nicht so wirklich viel sprechen und der Redeanteil würde deutlich bei 60:40 liegen. Gut, lassen wir das einfach mal so stehen. Frauen haben ja bekanntlich auch mehr Wörter.

Wir kochen wieder einmal gemeinsam für eine Veranstaltung und sind gerade dabei, die Marinade für die Antipasti zuzubereiten. Karsten gibt den Balsamico in den Topf, Zucker nach Gefühl dazu und stellt den Herd an. Wir bereiten weiter die anderen Sachen zu und sind mitten in unsere Gespräche vertieft. Bis ich aus dem Augenwinkel feststelle, dass unser Topf an der einen Seite von innen schwarz ist. Kurzes Wundern. Weiter geht's. Irgendwann stelle ich fest, dass es angebrannt riecht. Ich denke mir immer noch nichts dabei. Wir diskutieren grad so herrlich. Ich rühre den Balsamico um und irgendwas kommt mir

ganz merkwürdig vor. Karsten fragt, ob ich die Marinade mal probieren kann.

Gesagt, getan oder anders beschrieben: versucht!

Ging nicht! Vorsichtig auf die heiße Marinade auf dem Löffel gepustet und über dem ganzen Herd Zuckerfäden verteilt.

Merkwürdige Blicke von Karsten. Er fragt, was ich da mache. Ja, das würde ich auch gerne wissen. Erneutes Probieren scheitert. Jetzt allerdings hat er die verbrannten Balsamicofäden im Bart hängen. Wir beide schauen uns verwundert an und versuchen zu begreifen, was wir da wohl verhunzt haben. Vielleicht doch etwas viel Zucker nach Gefühl? Das Ende vom Lied oder besser vom Balsamico war: Langes Nachspülen mit heißem Wasser und erneutes Aufsetzen der Marinade.

Auch uns gelingt nicht immer alles nach Gefühl.

Wie das „läckere" Eis zu Karsten kam

Wenn ihr mal richtig gutes Eis essen wollt, dann ab nach Wendenborstel. Denn bei Karsten im Gasthaus gibt es „läckeres" schwedisches Eis.

Er hat in Schweden mal ganz viel Eis probiert und sich entschieden, das bei sich im Gasthaus anzubieten.

Eigentlich war Karsten mit seiner Familie in Schweden im Urlaub und sie sind dort vermutlich nur von Eisdiele zu Eisdiele gefahren, weil das Eis so „läcker" war.

Und es ist wirklich genau so, denn wir haben mittlerweile auch diese riesigen Eis-Behälter in unserem Gefrierschrank.

Unglücklicherweise ist seine Lieblings-Eissorte nicht mehr im Sortiment - Whisky-Eis.

Dann machen wir es einfach selber. Eine gute Eisgrundmasse mit einem ganz leicht rauchigen Single Malt Whisky.

Eine Eismaschine hilft da wirklich gut weiter. Es geht aber auch anders, dann nur mit ein ganz klein wenig mehr Arbeit.

Whisky-Eis

Die Basis ist ein zart schmelzendes Eis, der erste Geschmack ist ein himmlischer Hauch von Vanille und der Abgang ist ein kräftiger, rauchiger und torfiger Whisky. Ein selbstgemachtes Eis, welches nicht nur Männerherzen höher schlagen lässt.

Menge	Zutat
0,5	Vanilleschoten
400 ml	Schlagsahne
100 ml	Milch
4	Eigelb
80 g	Zucker
3 - 4 EL	Single Malt Whisky

Zubereitung

1. Die Vanilleschote der Länge nach aufschneiden und das Vanillemark auskratzen.

2. Sahne und Milch in einem Topf mit der Vanilleschote und dem Vanillemark aufkochen. Wenn es kocht, vom Herd nehmen und zur Seite stellen.

3. Die Eier trennen, das Eiweiß anderweitig verwenden.

4. Eigelb und Zucker in einer Edelstahlschale mit dem Mixer sehr cremig aufschlagen.

5. Die Vanilleschote aus der Sahne nehmen. Die etwas abgekühlte Vanille-Sahne mit der Eiermasse verrühren. Anschließend die Masse auf einem warmen Wasserbad unter Rühren erhitzen, bis sie dicklich wird.

6. Den Whisky unter die Eismasse rühren und abschmecken.

7. Die Schale im Eiswasser abkühlen lassen und im Kühlschrank kaltstellen.

8. Das Eis in eine Eismaschine füllen und gefrieren lassen. Nach 20 Minuten einen Esslöffel Whisky in den Eisbehälter gießen und unterrühren lassen.

9. Sofort genießen.

10. Wer keine Eismaschine besitzt, füllt die Eismasse in eine flache Schale und friert diese ein. Alle 30 Minuten die gefrierende Masse kräftig durchrühren. Nach einer Stunde einen Esslöffel Whisky unterrühren.

Tipp:

Der Whisky kann wunderbar durch Amaretto, Cremelikör oder Gin ersetzt werden.

Für das Gin-Eis die Vanille durch 2 Tonkabohnen ersetzen.

Tiramisu

Ein Dessert zum Träumen. Cremige Mascarpone, starker Espresso, süßer Amaretto und ein Hauch herber Kakao. Wer kann da widerstehen?

Menge	Zutat
200 ml	Sahne
150 g	Zucker
60 ml	Amaretto
500 g	Mascarpone
200 g	Löffelbiskuits
200 ml	Espresso
1 - 2 EL	Backkakao

Zubereitung

1. Espresso kochen und in eine flache Schale umfüllen, etwas abkühlen lassen.

2. Sahne steif schlagen.

3. Zucker mit Amaretto schaumig schlagen.

4. Mascarpone unter den Zucker rühren. Geschlagene Sahne unterheben.

5. Die Hälfte der Löffelbiskuits mit der nicht gezuckerten Seite kurz in den Espresso tunken und in eine Auflaufform legen. Die Hälfte der Mascarpone-Masse auf die Löffelbiskuits streichen.

6. Die zweite Hälfte der Löffelbiskuits in den Espresso tunken und auf die Mascarpone-Creme legen.

7. Die restliche Mascarpone-Creme auf die Löffelbiskuits streichen. Bis zum Servieren kaltstellen.

8. Kurz vor dem Servieren den Kakao über die Mascarpone-Creme sieben.

Tipp:

Für ein Buffet das Tiramisu in einem Tortenring schichten und kurz vor dem Servieren kleine Tortenstücke schneiden.

Tarte au Citron

Ein sommerfrischer Kuchen, der mit einem feinknusprigem Mürbeteig und einer zart schmelzenden Zitronencreme daherkommt. Eine Fülle an Beeren macht ihn perfekt für ein Kaffeetrinken mit Freunden im Garten.

Menge	Zutat
200 g	Weizenmehl 405 oder Dinkelmehl 630
1 Prise	Salz
50 g	Zucker
1	Ei
100 g	Butter
3 - 4	Zitronen
3	Eier
130 g	Zucker
150 g	Butter
500 g	Beeren

Zubereitung

1. Für den Mürbeteig das Mehl mit Salz und Zucker vermischen. Das Ei und die kalte Butter in Würfeln dazugeben. Den Teig in einer Küchenmaschine oder mit dem Handrührgerät verkneten. Den Teig flachdrücken und in eine Frischhaltefolie gewickelt mindestens 1 Stunde kalt stellen.

2. Die Zitronen heiß abwaschen und die Schale von 2 Zitronen fein abreiben. Die Zitronen auspressen und 130 ml Zitronensaft abmessen.

3. 3 Eier aufschlagen und mit 130 g Zucker in einem Topf glatt rühren. Zitronensaft und Zitronenabrieb dazugeben und langsam unter Rühren erhitzen, bis die Creme eindickt. Die Masse darf nicht kochen. Anschließend durch ein feines Sieb streichen und abkühlen lassen.

4. Den Ofen auf 180 °C Ober- und Unterhitze vorheizen.

5. Den Teig dünn ausrollen und in eine Tarteform mit herausnehmbarem Boden legen. Den Rand bündig abschneiden und aus den Teigresten evtl. Blätter und Herzen ausstechen. Diese mit dem Teig 15 - 20 Minuten goldgelb backen und auskühlen lassen.

6. 150 g Butter in kleine Würfel schneiden und mit dem Pürierstab unter die Zitronenmasse rühren, anschließend für 60 Minuten in den Kühlschrank stellen.

7. Die Zitronencreme auf den gebackenen und abgekühlten Teig geben und für mindestens 3 Stunden kaltstellen.

8. Die verschiedenen Beeren waschen und sehr trocken tupfen. Diese mit den Herzen und Blättern auf der Tarte dekorieren.

> *Tipp:*
>
> *Für eine Orangentarte statt der Zitronen 3 Orangen nehmen und einen Zweig Rosmarin mitkochen. Als Dekoration gebrannte Mandeln verwenden.*
>
> *Für den Teig 50 g Mehl durch 50 g gemahlene Mandeln ersetzen.*

Genussvoller Herbst

Genussvoller Herbst

Der Herbst lässt uns an einer reichen Auswahl von köstlichsten Obstsorten teilhaben. Alleine die Vielfalt an Apfel- und Birnensorten, die wir jetzt aus dem Alten Land genießen dürfen, ist enorm. Bei dem Gedanken an die vielen Apfelsorten kommt mir als Allererstes der Apfelkuchen von Oma in den Kopf. Ein uraltes Familienrezept, welches sich aber auch heute noch von seiner besten Seite zeigt.

Der Herbst erinnert mich aber auch an Kindheitstage, wo wir am Wochenende mit der Familie Pilze im Wald sammeln waren. Mittlerweile gibt es Champignons, Kräuterseitlinge oder Austernpilze das ganze Jahr zu kaufen. Ich verbinde mit Pilzgerichten allerdings immer wieder den Herbst.

Nach einem regnerischen Tag bei Sonnenschein durch das knackende Geäst im Wald über weiches Moos gehen. Stehen bleiben, die Stille genießen, tief einatmen und schon man kann sie förmlich riechen, die begehrten Sammlerobjekte. Es dauert ein wenig, bis der Pilzblick sich wieder einstellt und man Maronen und Steinpilze findet. Aber dann steht dem Vergnügen nichts mehr im Weg. Wer sich unsicher ist oder den einfacheren Weg bevorzugt, kauft sich frische Steinchampignons und Steinpilze.

Kohl in verschiedenen Sorten gibt es jetzt überall zu kaufen. Feiner Spitzkohl, knackiger Rotkohl und kräftiger Wirsing lassen das Kochherz höher schlagen.

Wenn es draußen anfängt, stürmischer zu werden, kommt wieder die Zeit, wo es Spaß macht, bei einer schönen Tasse kräftigen Kaffee die reichhaltige Gemüseauswahl zu verarbeiten. Wir verabreden uns gerne zu einem Nachmittag mit Freunden oder der Familie und machen einen Kohlrouladen-Dreh-Wettbewerb. Nicht einfach nur die herkömmliche mit Weißkohl, sondern vor allem die Rotkohlroulade mit Preiselbeeren und Apfel hat es uns angetan.

Rotkohl-Rouladen

Rouladen mal anders! Die Sauce ist so herrlich lila und schmeckt so fein herb nach Preiselbeeren. Überrascht eure Lieben doch mal mit dieser leckeren Rotkohlroulade.

Menge	Zutat
1	Rotkohl
1	Zwiebel
3 EL	Öl
1	Apfel
1/2 Bund	Petersilie
350 g	Rinderhackfleisch
1	Ei
1 EL	Paniermehl
	Salz und Pfeffer
2 EL	Tomatenmark
	Zucker
100 ml	Rotwein
2 EL	Rotweinessig oder Balsamico
300 ml	Brühe
50 ml	Apfelsaft
2	Lorbeerblätter
3	Gewürznelken
5 - 6 EL	Preiselbeeren aus dem Glas

Zubereitung

1. Salzwasser in einem großen Topf zum Kochen bringen. Vom Rotkohl die äußeren Kohlblätter entfernen und den Strunk herausschneiden. Kohl im Ganzen 5 - 10 Minuten kochen. Mit der Schaumkelle den Kohl aus dem Wasser heben und vorsichtig die äußeren Blätter lösen. Den Kohl weiter kochen, bis sich 8 große Blätter abtrennen lassen.

2. Die Blätter kurz in kaltes Wasser tauchen. Die Blattrippen flach schneiden. Den restlichen Kohl anderweitig verwenden oder fein schneiden und in die Rouladen zur Hackfleischmasse geben.

3. Zwiebel pellen und fein würfeln. Einen Esslöffel Öl in einem Topf erhitzen und die Zwiebelwürfel glasig dünsten.

4. Den Apfel schälen, halbieren, entkernen und fein reiben.

5. Petersilie waschen und fein hacken.

6. Hackfleisch mit Ei, Paniermehl, Apfel, Petersilie und Zwiebel verkneten, mit einem Teelöffel Salz und einem halben Teelöffel Pfeffer würzen.

7. Die Kohlblätter trocken tupfen und jeweils etwas Füllung in die Mitte eines Kohlblatts geben und aufrollen Mit einem Zahnstocher feststecken oder mit Rouladengarn festbinden.

8. Öl in einer Pfanne erhitzen, Rouladen darin rundum braun anbraten. Tomatenmark und 1 Teelöffel Zucker dazugeben. Etwas anbraten lassen und mit Rotwein ablöschen. Den Rotwein unter Rühren fast verkochen lassen. Den Essig hinzugeben und ebenso fast einkochen lassen. Die Gewürze in einem Gewürzsäckchen in den Topf geben.

9. Brühe und Apfelsaft angießen, zugedeckt bei kleiner Hitze 50 Minuten schmoren. Das Gewürzsäckchen entfernen.

10. Rouladen herausnehmen, warm halten. Preiselbeeren unter die Sauce rühren. Sauce etwas einkochen lassen. Alles mit Salz, Pfeffer und etwas Zucker abschmecken.

Tipp:

Wer es noch etwas cremiger mag, gibt noch einen guten Schuss Sahne zur Sauce und bindet die Sauce mit etwas Speisestärke.

Kartoffelsuppe Wiener Art

Es gibt so viele Kartoffelsuppen, warum ausgerechnet diese? Sie hat Textur, schmeckt dennoch wunderbar cremig und man freut sich, wenn am nächsten Tag noch mindestens eine Portion übrig ist, die man genüsslich verspeisen kann.

Menge	Zutat
2	Zwiebeln
150 g	Porree
250 g	Möhren
150 g	Knollensellerie
100 g	Wurzelpetersilie
1 kg	Kartoffeln
20 g	Butter
	Salz und Pfeffer
2 L	Gemüsebrühe
400 g	Fleischwurst
1 TL	Majoran getrocknet
1 Bund	Petersilie
150 g	Crème fraîche

Zubereitung

1. Die Zwiebeln pellen und in kleine Würfel schneiden.

2. Den Porree waschen und in feine Ringe schneiden.

3. Möhren, Knollensellerie und Wurzelpetersilie schälen. Wurzelpetersilie und Sellerie in sehr kleine Würfel schneiden. Die Möhren in dünne Scheiben hobeln.

4. Kartoffeln schälen und in dünne Scheiben hobeln.

5. Die Butter im Topf erhitzen und die Zwiebeln darin goldgelb dünsten. Das weitere Gemüse und die Kartoffelscheiben hinzufügen.

6. 2 Teelöffel Salz und 1 Teelöffel Pfeffer hinzugeben.

7. Mit der Brühe aufgießen und 30 Minuten garen.

8. Die Fleischwurst in kleine Würfel schneiden und unter die Suppe rühren und kurz darin erhitzen.

9. Mit Majoran, Salz und Pfeffer abschmecken.

10. Die Petersilie waschen und klein hacken und ebenso zur Suppe geben.

11. Crème fraîche zum Schluss unter die Suppe rühren und servieren.

Tipp:

Die doppelte Menge Kartoffelsuppe kochen und schon kann man sie auf Vorrat in Gläser einkochen. Dafür die Fleischwurst und die Crème fraîche weglassen.

Kürbissuppe

Kein Gemüse spaltet unsere Familie und unseren Freundeskreis mehr als Kürbis. Ein Teil liebt ihn, der andere Teil erfindet immer wieder originelle Namen, um das Wort nicht mal aussprechen zu müssen. „Komposthaufengewächs" ist das Wort der letzten Jahre geworden. Mittlerweile darf es einmal im Jahr Kürbissuppe geben, natürlich nur nach Karstens Rezept!

Menge	Zutat
4	Zwiebeln
4	Knoblauchzehen
20 g	Frischer Ingwer
2 EL	Olivenöl
1	Hokkaido-Kürbis
1 L	Wasser
	Salz und Pfeffer
400 ml	Sahne
0,5 - 1 EL	Curry
	Zucker
1 - 2	Lauchzwiebeln

Zubereitung

1. Die Zwiebeln und den Knoblauch pellen und in kleine Würfel schneiden.

2. Den Ingwer putzen und ebenso fein hacken.

3. Das Öl in einem Topf erhitzen und Zwiebeln und Knoblauch darin anschwitzen.

4. Den Hokkaido-Kürbis waschen, Strunk und Ende abschneiden. Kürbis halbieren. Kerne und Fasern mit dem Löffel entfernen. Das Fruchtfleisch mit Schale, ca. 1,2 kg, klein schneiden und zu den Zwiebeln geben.

5. Das Wasser aufgießen und alles mit 2 Teelöffeln Salz 20 Minuten weich kochen.

6. Wenn der Kürbis weich ist, die Suppe mit einem Pürierstab fein pürieren. Sahne angießen und einen halben Esslöffel

Curry unter die Suppe rühren. Kurz aufkochen lassen und mit Salz, Pfeffer und Zucker abschmecken. Je nach Geschmack noch mehr Currypulver zur Suppe geben.

7. Lauchzwiebeln waschen und in feine Ringe schneiden. Zum Schluss über die Suppe streuen.

> *Tipp:*
>
> *Die Suppe kann auch mit Butternusskürbis oder Muskatkürbis zubereitet werden. Diese allerdings ohne Schale verwenden.*
>
> *Etwas exotischer schmeckt die Suppe mit Kokosmilch statt Sahne.*

Linsen-Curry-Suppe

Deutsche Linsensuppe trifft den Orient. Tellerlinsen gegen rote und gelbe Linsen tauschen, ein paar Gewürze mehr dazu und als Topping Joghurt, Schwarzkümmel und gehackte Petersilie, so schnell wird aus der traditionellen Suppe eine neue Variante.

Menge	Zutat
2	Zwiebeln
2	Knoblauchzehen
1	Chili
2 EL	Öl
250 g	Porree
250 g	Möhren
125 g	Wurzelpetersilie
125 g	Knollensellerie
1 L	Wasser
250 g	Rote Linsen
400 ml	Kokosmilch
200 ml	Sahne
	Salz und Pfeffer
1 - 2 EL	Curry
100 g	Gelbe Linsen
100 g	Griechischer Joghurt
2 EL	Petersilie
1 El	Schwarzkümmel

Zubereitung

1. Die Zwiebeln und den Knoblauch pellen und in kleine Würfel schneiden.

2. Die Chili waschen, fein hacken und mit Zwiebeln und Knoblauch im heißen Öl in einem großen Topf anbraten.

3. Porree waschen und in sehr feine halbe Ringe schneiden.

4. Möhren, Wurzelpetersilie und Knollensellerie schälen und fein raspeln.

5. Das Gemüse mit in den Topf geben und kurz mitbraten.

6. Mit Wasser auffüllen. Rote Linsen dazugeben und 45 Minuten köcheln lassen. Alles zusammen pürieren.

7. Kokosmilch und Sahne dazugeben und mit Salz, Pfeffer und Curry abschmecken.

8. Gelbe Linsen dazugeben und weitere 10 Minuten köcheln lassen, bis die Linsen gar sind.

9. Griechischen Joghurt leicht salzen.

10. Petersilie waschen und fein hacken.

11. Die Suppe in Tellern anrichten und mit einem Löffel Joghurt, etwas gehackter Petersilie und Schwarzkümmel bestreut servieren.

Tipp:

Für noch mehr orientalischen Geschmack im Teller etwas gemahlenen Koriander und Kreuzkümmel dazugeben. Sultaninen bringen eine leichte Süße in die Suppe, zum Schluss eine Handvoll davon mit in die Suppe geben.

Kleiner Ausreißer

Unser lieber Kollege, Freund und Neffe Stefan ist nicht weniger kochbegeistert. Seine Kochbegeisterung gipfelt in der asiatischen Küche. Er sprudelt nur so vor Ideen, was man alles aus dieser besonderen Region kochen kann.

Sein Vorschlag für ein nächstes Kochbuch ist die Unterteilung nach Kontinenten. Hier wird Stefan dann wohl ein großes Kapitel füllen.

Wer so viel Begeisterung in sich trägt und uns ein wertvoller Begleiter im Leben ist, der soll natürlich auch in unserem Kochbuch einen Platz bekommen. Stefan, dein Lieblingsgericht darf natürlich nicht in unserem Lieblingsgerichte-Kochbuch fehlen.

Deine japanische Ramen…

Was ist Ramen?

Ramen gibt es in Asien schon seit Jahrtausenden in den verschiedensten Variationen und Ausführungen. Auch in Deutschland kommt dieser Trend nun langsam an. Doch was macht eine Ramen aus? Einfach nur Brühe mit Nudeln und Gemüse oder steckt doch mehr dahinter? Es gibt nicht das **eine** Rezept, sondern vielmehr unendliche Möglichkeiten, Ramen zuzubereiten. In diesem Kapitel zeigen wir euch unsere Lieblingsvariante einer japanischen Ramen. Doch bevor es ans Eingemachte bzw. an das Rezept geht, hier erst mal die Erklärungen der einzelnen Bestandteile der Ramen. Klingt im ersten Moment alles ganz anders als bei einer traditionellen Suppe. Doch keine Sorge, das Geschmackserlebnis wird einen nachhaltig beeindrucken.

Viel Spaß beim Lesen und vor allem beim Nachkochen!

Dashi: Eine klare Brühe (oder auch Fischsud), die als Träger des Umami-Aromas betrachtet wird.

Brühe: Sie stellt die Grundlage der Ramen dar und kann individuell nach den eigenen Vorlieben zubereitet werden. Von Hühnerbrühe über Fischbrühe bis hin zu Gemüsebrühe kann alles in den Topf hinein.

Tare: Die Würzsauce, die unserer Ramenbrühe nochmal den extra Kick verleiht. Wir benutzen dafür eine Mischung aus Sake, Mirin und Sojasauce.

Toppings: Auch hier stehen ganz klar die eigenen Lieblingsgemüse im Vordergrund. Unsere Empfehlung: Schneidet euer Gemüse hauchdünn und gebt es roh in die Ramen.

Ramen: Essentieller Bestandteil sind natürlich die Nudeln. Hier empfehlen wir asiatische Ramen-Nudeln zu verwenden. Es sind aber auch alle anderen etwas dickeren, länglichen Nudeln lecker in der Ramen-Suppe.

Japanische Ramen

Es klingt nach so vielen exotischen Zutaten. Doch nach näherer Betrachtung kennen wir die Meisten davon. Alleine beim Lesen der Zutaten läuft einem schon das Wasser im Mund zusammen. Den intensiven Duft spürt man schon förmlich in der Nase. Dennoch müssen wir uns etwas gedulden. Die Suppe, sorry, Ramen braucht einen Tag Vorlauf. Viel Spaß beim Nachkochen! Mit diesem Rezept bekommt ihr 8 Ramen-begeisterte Leute satt!

Menge	Zutat
10 g	Kombu (getrockneter Seetang)
10 g	Bonitoflakes (geräucherte Thunfischflocken)
5	Getrocknete Shiitake-Pilze
1 kg	Hühnerflügel oder Hühnerklein
2	Gemüsezwiebeln
8	Knoblauchzehen
1 Stück	Ingwer
1	Chili
1 Bund	Lauchzwiebeln
2	Lorbeerblätter
200 ml	Sake
100 ml	Mirin
200 ml	Sojasauce
1 EL	Brauner Zucker
4	Eier
10 EL	Bratöl
800 g	Zuckerschoten, Möhren, Sprossen, Brokkoli oder Kohl
400 g	Hähnchenbrust mit Haut
500 g	Ramen-Nudeln

Zubereitung

1. Für das Dashi: Kombu, Bonitoflakes und Shiitake-Pilze über Nacht in 1,5 Liter Wasser einweichen. Am nächsten Tag alles durch ein Sieb gießen und das Wasser auffangen.

2. Für die Brühe: 3 Liter Wasser mit dem Dashi in einen Topf geben. Hühnerflügel waschen und dazugeben. Eine Gemüsezwiebel sowie 3 Knoblauchzehen pellen und in das Wasser geben. Den Ingwer schälen, die Chilischote und 2 Lauchzwiebeln waschen und die Wurzelenden entfernen und ebenso in den Topf geben. 2 Lorbeerblätter und 100 ml Sake mit dazugeben und die Brühe 1,5 Stunden kochen lassen. Die Brühe durch ein Sieb mit Passiertuch gießen und die Brühe dabei auffangen.

3. Für die Tare: 100 ml Mirin, 100 ml Sake, 200 ml Sojasauce und 1 Esslöffel braunen Zucker kurz aufkochen und eine Minute kochen lassen.

4. Für die Toppings: Die Eier in 6 Minuten wachsweich kochen, abschrecken und pellen. 100 ml Tare mit 600 ml Wasser mischen und die gepellten Eier darin für ein paar Stunden einlegen.

5. Die Gemüsezwiebel und 5 Knoblauchzehen pellen und fein würfeln. Das Öl in einer Pfanne erhitzen und die Zwiebeln und den Knoblauch darin goldbraun frittieren. Durch ein Sieb gießen. Das Öl aufheben, die Zwiebel- und Knoblauchwürfel zur Seite stellen.

6. 800 g verschiedene Gemüsesorten waschen, schälen und sehr fein schneiden oder in Streifen hobeln. Brokkoli und Blumenkohl evtl. kurz blanchieren und in Eiswasser abschrecken. Die restlichen Lauchzwiebeln waschen und in Röllchen schneiden.

7. Die Hähnchenbrust waschen, trocken tupfen und mit etwas Tare bestreichen. Den Ofen auf 180 °C Umluft vorheizen. Eine Möhre schälen und in Streifen schneiden. Die Hähnchenbrust auf den Möhrenstreifen in einer Auflaufform mit der Hautseite nach oben für 25 Minuten im Ofen garen. Anschließend in Streifen schneiden.

8. Die Brühe aufkochen lassen und mit etwas Salz abschmecken. Die Tare in einem weiteren Topf erhitzen.

9. Die Ramen-Nudeln nach Packungsanleitung kochen und kurz mit Wasser abschrecken. Die Eier aus dem Sud nehmen und halbieren.

10. Ramenschalen warmstellen und wie folgt anrichten: 400 ml kochende Brühe in die Schale geben. Je 1 Esslöffel Tare und Zwiebelröstöl dazugeben. Eine Portion Ramen-Nudeln in die Brühe gleiten lassen. Das vorbereitete Gemüse hineingeben, etwas Hähnchenbrust und ein halbes Ei daraufsetzen und mit Lauchzwiebeln und gerösteten Zwiebelwürfeln bestreuen.

Polpette al sugo

Eine interessante und vor allem köstliche Alternative zu Spaghetti Bolognese. Es sind die gleichen Zutaten, doch das Ergebnis ist ein ganz anderer Geschmack.
Hier kommt der Parmesan einfach schon mal mit in die Hackfleischmasse, das gibt den Hackbällchen ein ganz neues Aroma. Frikadellen aus Italien, da klingt der Name schon so schön: Polpette al sugo.

Menge	Zutat
2	Zwiebeln
100 g	Porree
2	Möhren
100 g	Knollensellerie
2	Knoblauchzehen
1	Chili
3 EL	Olivenöl
150 g	Parmesan
500 g	Rinderhackfleisch
1	Ei
2 EL	Paniermehl
1 TL	Paprikapulver
1 TL	Italienische Kräuter
	Salz und Pfeffer
1 - 2 EL	Tomatenmark
500 ml	Passierte Tomaten
1 TL	Zucker
500 g	Spaghetti

Zubereitung

1. Die Zwiebeln pellen und in feine Würfel schneiden.

2. Den Porree waschen und in halbe Ringe schneiden.

3. Möhren und Knollensellerie schälen. Beides in feine Streifen reiben.

4. Knoblauch pellen und sehr fein hacken.

5. Chili waschen und fein hacken.

6. 1 Esslöffel Olivenöl in einer Pfanne erhitzen und die Hälfte der Zwiebeln und des Knoblauchs darin glasig dünsten. Aus der Pfanne nehmen und kaltstellen.

7. Den Parmesan fein reiben.

8. Die abgekühlte Zwiebel-Knoblauch-Mischung zum Hackfleisch geben und mit dem Ei, 2 Esslöffeln Paniermehl, 1 Teelöffel Paprikapulver, 1 Teelöffel italienische Kräuter, 1 Teelöffel Salz, 0,5 Teelöffel Pfeffer und der Hälfte des geriebenen Parmesans sehr gut vermischen. Anschließend kleine Hackbällchen daraus formen.

9. In einer Pfanne 1 Esslöffel Olivenöl erhitzen und die Hackbällchen von allen Seiten scharf anbraten. Die Hackbällchen aus der Pfanne nehmen und zur Seite stellen.

10. In derselben Pfanne erneut 1 Esslöffel Olivenöl erhitzen und die Zwiebeln, den Knoblauch und das restliche Gemüse anbraten. Zuerst nur die Hälfte der Chili zum Gemüse geben. Evtl. später nachwürzen.

11. Wenn das Gemüse sehr weich gebraten ist, das Tomatenmark und die passierten Tomaten hinzugeben. Mit etwas Brühe oder Wasser auffüllen, bis eine cremige Konsistenz entsteht.

12. Je 1 Teelöffel Salz und Zucker sowie 0,5 Teelöffel Pfeffer hinzugeben. Die Sauce 20 Minuten köcheln lassen.

13. In der Zwischenzeit die Spaghetti in Salzwasser al dente kochen.

14. Die Sauce pürieren und erneut abschmecken.

15. Die Hackbällchen in die Sauce geben, darin kurz erhitzen und zusammen mit den Spaghetti und dem geriebenen Parmesan servieren.

Tipp:

Die Hackbällchen lassen sich wunderbar auf Vorrat kochen. Einfach die Menge erhöhen und portionsweise einfrieren.

Kartoffelsalat mit Ei

Der Salatklassiker in der Mayonnaisen-Variante. Wunderbar als Beilage zu Fisch oder ganz traditionell mit Würstchen.

Menge	Zutat
1,5 kg	Kartoffeln
1	Rote Zwiebel
100 ml	Heiße Brühe
2 EL	Essig
2 EL	Zucker
	Salz und Pfeffer
2 TL	Senf
250 g	Mayonnaise oder Salatcreme
4	Eier
4 - 5	Gewürzgurken

Zubereitung

1. Die Kartoffeln waschen und als Pellkartoffeln in Salzwasser gar kochen. Abgießen und abdampfen lassen.

2. Die Zwiebel pellen und in feine Würfel schneiden.

3. Die heiße Brühe über die Zwiebelwürfel gießen. Essig, Zucker, 1 Teelöffel Salz und Pfeffer sowie 2 Teelöffel Senf unterrühren.

4. Die Kartoffeln pellen, in Scheiben schneiden und in eine Schüssel geben.

5. Die Mayonnaise mit der abgekühlten Zwiebelbrühe verrühren und über die Kartoffelscheiben gießen.

6. Die Eier hartkochen, abschrecken, pellen und in Scheiben zu den Kartoffeln geben.

7. Die Gewürzgurken vierteln und in Scheiben schneiden. Ebenfalls zu den Kartoffeln geben und alles verrühren.

8. Den Salat 1 - 2 Stunden durchziehen lassen und frisch servieren.

Tipp:

Etwas herzhafter gefällig? Dann 100 g Schinkenwürfel in einer Pfanne auslassen und über den Kartoffelsalat geben.

Tex-Mex-Frikadellen

Chili con Carne in Frikadellen-Form. Klingt komisch, ist es aber nicht. Diese Frikadellen haben eine herrliche Struktur und schmecken köstlich nach Hackfleisch und roten Bohnen.

Menge	Zutat
2	Rote Zwiebeln
1	Knoblauchzehe
500 g	Kidneybohnen gekocht
400 g	Rinderhackfleisch
100 g	Feine Haferflocken
1	Ei
1 TL	Senf
80 ml	Tex-Mex Sauce
1 Bund	Petersilie
1 TL	Rauchpaprikapulver
1 TL	Paprika edelsüß
	Salz und Pfeffer
2 EL	Olivenöl

Zubereitung

1. Die Zwiebeln pellen und in feine Würfel schneiden.

2. Knoblauch pellen und sehr fein hacken.

3. Die Bohnen in einem Sieb abtropfen lassen, in eine Schüssel geben und mit einer Gabel zerdrücken, evtl. mit dem Pürierstab teilweise etwas feiner pürieren. Es können ruhig einige größere Stücke übrig bleiben.

4. Die Bohnen mit dem Hackfleisch, den Haferflocken und dem Ei verrühren. Die Masse mit Zwiebeln, Knoblauch, Senf und Tex-Mex-Sauce mischen.

5. Petersilie waschen, fein hacken und 2 Esslöffel zu der Masse hinzufügen. Mit Paprikapulver, 1 Teelöffel Pfeffer und 2 Teelöffeln Salz abschmecken.

6. Mit den Händen aus der Masse ca. 12 Frikadellen formen und leicht flach drücken.

7. Olivenöl in einer Pfanne erhitzen und die Frikadellen von jeder Seite ca. 6 Minuten bei mittlerer Hitze braten.

8. Alternativ können die Frikadellen auf einem Backblech bei 180° C Ober- und Unterhitze für 30 Minuten gebacken werden.

Tipp:

Richtig lecker schmeckt das warme Paprika-Feta-Gemüse und der Kartoffel-Gurkensalat zu den Frikadellen.

Chili-Cheese-Fries

Selbstgemachte Pommes heben die Laune an einem grauen Herbsttag ungemein. Und dann noch eine Käsesauce dazu, jetzt steht der guten Laune gar nichts mehr im Weg.

Wusstet ihr schon, dass Pommes frittierte Sonnenstrahlen sind? Probiert es aus!

Menge	Zutat
2	Rote Zwiebeln
3	Knoblauchzehe
2	Chili
1 kg	Kartoffeln festkochend
	Olivenöl
	Salz und Pfeffer
0,5 TL	Rauchpaprikapulver
1 TL	Paprika edelsüß
200 g	Cheddar
250 ml	Milch
1 TL	Essig
1 TL	Speisestärke

Zubereitung

1. Die Zwiebeln pellen und in feine Würfel schneiden.

2. Knoblauch pellen und sehr fein hacken.

3. Die Chili waschen und fein hacken

4. Die Kartoffeln schälen, waschen und in die gewünschte Pommes-Größe schneiden, für 30 Minuten wässern.

5. Anschließend die Kartoffeln abtrocknen und mit 3 - 4 Esslöffeln Öl, Salz und Paprikapulver mischen.

6. Den Cheddar fein reiben.

7. Die Pommes auf zwei mit Backpapier ausgelegten Backblechen verteilen und bei 170 °C Umluft 20 Minuten backen, dabei immer wieder die Feuchtigkeit aus dem Ofen lassen. Die Pommes aus dem Ofen nehmen und etwas abkühlen lassen.

8. Für die Soße den Knoblauch und die Chiliwürfel in 1 Esslöffel Öl anbraten. Die Milch dazugeben und aufkochen. 120 g geriebenen Käse dazugeben und unter Rühren schmelzen lassen. Den Essig dazugeben und mit Salz und Pfeffer würzen.

9. Die Speisestärke mit 30 ml Wasser anrühren und die Sauce damit binden. Sauce warmstellen bis die Pommes fertig sind.

10. Den Backofen auf 200 °C Umluft erhitzen und die Pommes weitere 10 Minuten backen. Kurz vor Ende der Garzeit mit Zwiebelwürfeln und 80 g geriebenem Käse bestreuen.

Tipp:

„Einmal Pommes bitte!"

„Eine große?"

„Nein, lieber ganz viele kleine!"

Pilz-Risotto

Herbstzeit, die Sonne hat noch Kraft und doch kommt die kalte und feuchte Luft immer mehr durch. Genau die richtige Zeit, um Pilze im Wald zu suchen. Wem das nicht liegt, der greift einfach auf gekaufte Steinchampignons und getrocknete Steinpilze zurück. So wie in unserem Rezept.

Menge	Zutat
1 L	Brühe
25 g	Getrocknete Steinpilze
400 g	Steinchampignons
1	Zwiebel
2	Knoblauchzehen
1 EL	Butter
3 EL	Olivenöl
250 g	Risotto-Reis
125 ml	Weißwein
100 ml	Schlagsahne
100 g	Parmesan
2 - 3	Petersilienzweige
	Salz und Pfeffer

Zubereitung

1. Die Brühe mit 1 Teelöffel Salz und den getrockneten Steinpilzen aufkochen und heiß auf dem Herd stehen lassen.

2. Die Champignons waschen, putzen und in Scheiben schneiden.

3. Die Zwiebel pellen und in sehr feine Würfel schneiden. Den Knoblauch pellen und sehr fein hacken.

4. Je 1 Esslöffel Butter und Olivenöl in einem breiten Topf erhitzen und die Zwiebelwürfel unter Rühren anbraten. Die Zwiebeln sollen nur glasig bis goldig werden. Den Knoblauch hinzufügen und kurz mitbraten. Nicht zu dunkel werden lassen, sonst wird der Knoblauch bitter. Den Reis dazugeben und kurz mit anschmoren.

5. Die Hälfte des Weißweins hinzufügen und unter Rühren einkochen lassen. Den restlichen Weißwein angießen und verkochen lassen.

6. Nach und nach je eine Kelle heiße Brühe mit Steinpilzen zum Reis geben und unter Rühren den Reis die Flüssigkeit aufnehmen lassen. Der Reis ist nach 25 - 30 Minuten gar. Die Brühe sollte dann aufgebraucht sein und der Reis ist ganz leicht bissfest und das Risotto schön „schlotzig".

7. Die Sahne steif schlagen und den Parmesan reiben.

8. Die Petersilie waschen, trocknen und sehr fein hacken.

9. Den geraspelten Parmesan mit der Petersilie unter das Risotto heben. Die geschlagene Sahne unterheben und das Risotto mit Salz und Pfeffer abschmecken. Sofort servieren.

Tipp:

Restliches Risotto 2 cm dick in eine Form geben und glatt streichen. Wenn es erkaltet ist, in 2 x 4 cm dicke Streifen schneiden. Diese in Mehl, dann in verquirltem Ei und anschließend in Paniermehl wenden. Diesen Vorgang wiederholen. Die Risotto-Kroketten für ein paar Minuten in Olivenöl frittieren.

Kartoffelpuffer

Ein Klassiker aus Omas Küche mit traditioneller Apfelmus-Beilage und für den frischen Schwung mit Lachsquark. Man muss sich nicht für eins entscheiden, man isst einfach beide Beilagen zum Puffer.
Da bei diesem leckeren Rezept bestimmt ein paar mehr liebe Leute mit am Tisch sitzen, reicht unser Rezept für 6 Personen.

Menge	Zutat
500 g	Äpfel
100 g	Schlagsahne
250 g	Sahnequark
2	Dillzweige
50 g	Geräucherter Lachs
	Salz und Pfeffer
4	Zwiebeln
	Neutrales Öl zum Braten
3 kg	Festkochende Kartoffeln
8	Eier
4 TL	Salz
2 TL	Pfeffer

Zubereitung

1. Die Äpfel vierteln, Kerngehäuse entfernen und waschen.

2. In einem Topf mit etwas Wasser die Äpfel in ca. 20 Minuten weich kochen. Das Wasser zum Schluss verdampfen lassen, bis eine cremige Konsistenz entsteht.

3. Die Äpfel durch eine Flotte Lotte (Passiergerät) rühren, um die Schale vom Fruchtfleisch zu trennen. Apfelmus kaltstellen.

4. Die Sahne steif schlagen und mit dem Quark verrühren. Dill waschen und fein hacken. Den Lachs fein würfeln und mit dem Dill unter den Quark rühren. Mit einem halben Teelöffel Salz und etwas Pfeffer abschmecken.

5. Die Zwiebeln pellen und in feine Würfel schneiden. Einen Esslöffel Zwiebelwürfel zum Quark geben und unterrühren. Die restlichen Zwiebelwürfel in einer Pfanne mit einen Esslöffel Öl erhitzen und darin glasig dünsten.

6. Die Kartoffeln schälen und nicht ganz fein reiben. Falls die Kartoffeln Wasser gezogen haben, dieses erst abgießen und dann die geriebenen Kartoffeln mit den Zwiebeln, den aufgeschlagenen Eiern und Salz und Pfeffer mischen.

7. In einer Pfanne etwas Öl erhitzen und mit einer Schaumkelle kleine Kleckse der Kartoffelmasse hineingeben.

8. Diese flach drücken und von jeder Seite 6 - 8 Minuten goldbraun backen.

9. Die Puffer nach dem Backen kurz auf Küchenkrepp abtrocknen lassen. Für die nächsten Puffer wieder etwas Öl in die Pfanne geben.

10. Das Apfelmus und den Lachsquark dazu servieren und die Puffer noch heiß genießen.

> *Tipp:*
>
> *Die Puffer draußen im Garten auf dem Grill oder einer Kochplatte backen.*

Porree mit Paprikareis

Porree, der sonst ständige Suppenbegleiter, hat hier mal seinen eigenen Auftritt. In einer herzhaften Béchamelsauce mit Paprika abgeschmeckt, wird er kurz überbacken und bekommt mit einem Paprikareis mit Zwiebeln einen würdevollen Begleiter.

Menge	Zutat
800 g	Porree
200 g	Kochschinken
1 EL	Butter
1 EL	Mehl
100 ml	Sahne
	Salz und Pfeffer
	Paprikapulver
	Zucker
1	Rote Zwiebel
125 g	Langkornreis
250 ml	Brühe
100 g	Gouda

Zubereitung

1. Den Porree waschen und das obere grün beiseite legen und anderweitig verwenden. Die weißen Porreestangen in 6 cm lange Stücke schneiden.

2. Die Porreestangen in Salzwasser für 10 Minuten kochen. Anschließend aus dem Wasser heben und das Wasser für die Sauce aufheben.

3. Kochschinkenscheiben halbieren oder dritteln, um die Porreerollen wickeln und diese in eine Auflaufform legen.

4. Die Butter in einem Topf schmelzen, das Mehl unterrühren, die Sahne angießen und kräftig rühren. Mit dem Porreewasser nach und nach unter Rühren auffüllen, bis eine cremige Sauce entsteht. Kurz aufkochen lassen. Mit Salz, Pfeffer, Paprika und Zucker abschmecken. Die Sauce über die Porreerollen gießen.

5. Die Zwiebel pellen und in feine Würfel schneiden.

6. Für den Reis eine Auflaufform mit Deckel nehmen. Den Reis mit der Brühe, einem Teelöffel Paprikapulver und wenig Salz in einer Auflaufform mischen. Im Anschluss die Zwiebelwürfel über den Reis geben.

7. Den Gouda fein reiben und über die Porreerollen streuen.

8. Den Ofen auf 200 °C Ober- und Unterhitze vorheizen.

9. Die beiden Auflaufformen im Ofen für 25 Minuten backen. Vor dem Servieren 10 Minuten ruhen lassen.

> **Tipp:**
>
> Statt Porree kann auch Chicorée verwendet werden. Diesen halbieren und den festen Strunk herausschneiden. Den Chicorée ebenso für 10 Minuten vorkochen, mit Kochschinken einwickeln und mit der Sauce übergießen.
>
> Anstatt eines Deckels für den Reis kann die Auflaufform mit Alufolie fest verschlossen werden.

Zwiebelkuchen

Der Herbst ist da, die Blätter an den Bäumen leuchten in den schönsten Farben, die Trauben sind geerntet und der erste Federweiße steht in den Kühlregalen bereit.
Gibt es eine bessere Begleitung als Zwiebelkuchen dazu?
Ganz klar, JA! Zwiebelkuchen ohne Boden! So saftig, so lecker, so herzhaft!

Menge	Zutat
600 g	Zwiebeln gelb und rot
2	Knoblauchzehen
400 g	Schinkenwürfel
1 EL	Butter
4	Eier
400 g	Saure Sahne
160 g	Mehl
400 g	Emmentaler
	Salz und Pfeffer
1 TL	Italienische Kräuter
0,5 TL	Rauchpaprika

Zubereitung

1. Die Zwiebeln pellen und in feine halbe Ringe schneiden.

2. Die Knoblauchzehen pellen und fein hacken.

3. In einer Pfanne die Schinkenwürfel in der Butter leicht knusprig braten.

4. Den Backofen auf 180 °C Umluft vorheizen.

5. Die Eier verquirlen und die saure Sahne unterrühren. Nun das Mehl unterrühren, bis keine Klümpchen mehr in der Masse sind.

6. Zwiebeln, Knoblauch und Schinkenwürfel mit der Eiermasse vermischen.

7. Den Käse reiben und ebenso unter die Eiermasse rühren.

8. Mit knapp 2 Teelöffeln Salz, je 1 Teelöffel Pfeffer und italienischen Kräutern sowie einem halben Teelöffel Rauchpaprika würzen.

9. Die Zwiebelmasse auf ein Backblech verteilen, glatt streichen und für 35 Minuten bei 180 °C backen.

Tipp:

Für die vegetarische Variante insgesamt 1 kg Zwiebeln nehmen und den Schinken dem Nachbarn schenken.

Spinat-Lachs-Lasagne

Wieder eine andere Lasagne, wieder ein anderer Geschmack.
Zarter grüner Spinat trifft auf kräftig orangefarbenen Lachs. Eine cremige Tomaten-
Sahne-Sauce mit einem Schuss Weißwein rundet das Ganze ab.

Menge	Zutat
600 g	Spinat
2	Zwiebeln
2	Knoblauchzehen
	Olivenöl
	Salz und Pfeffer
400 g	Lachsfilet
100 ml	Weißwein
250 ml	Schlagsahne
250 ml	Fischfond
0,5 TL	Tomatenmark
2 TL	Speisestärke
	Zucker
200 g	Emmentaler
250 g	Lasagneplatten

Zubereitung

1. Den Spinat waschen und auf einem Sieb abtropfen lassen.

2. Die Zwiebeln und den Knoblauch pellen und in feine Würfel schneiden.

3. 1 Esslöffel Olivenöl in einer Pfanne erhitzen und die Hälfte der Zwiebelwürfel und des Knoblauchs darin anschwitzen. Den Spinat hinzufügen und 10 Minuten dünsten lassen. Mit Salz und Pfeffer abschmecken.

4. Das Lachsfilet waschen und trocken tupfen. Anschließend in Würfel schneiden.

5. Die Lachswürfel in etwas Olivenöl anbraten, die restlichen Zwiebel- und Knoblauchwürfel kurz mit anschwitzen. Alles mit dem Weißwein ablöschen und die Flüssigkeit verkochen lassen. Die Sahne, den Fischfond und das Tomatenmark dazugeben und aufkochen lassen. Speisestärke in etwas kaltes Wasser einrühren und die Sauce damit binden. Alles mit Salz, Pfeffer und evtl. Zucker abschmecken.

6. Den Emmentaler fein reiben.

7. Den Boden einer Auflaufform mit einem Viertel der Lachssauce bedecken, diese mit einem Viertel des Spinats und einem Teil der

Lasagneblätter belegen. Das Ganze zweimal wiederholen und den Rest Spinat und Lachssauce auf der obersten Schicht der Lasagneblätter verteilen. Mit dem geriebenen Emmentaler bestreuen.

8. Den Ofen auf 175 °C Umluft vorheizen und die Lasagne für 30 - 40 Minuten goldbraun backen.

9. Vor dem Servieren die Lasagne kurz stehen lassen.

Tipp:

Die Lasagne bekommt einen kleinen knusprigen Touch, wenn zwischen den Spinat 50 g geröstete Pinienkerne gegeben werden.

Champignon-Pastete

Herzhafte Tartes, Quiches und Pasteten sind genau das Richtige für den Herbst. Man kann aus einer Fülle an Gemüse schöpfen und der köstliche Duft aus dem Backofen passt wunderbar zu einem Herbsttag, den man lieber im Haus verbringen möchte.

Menge	Zutat
200 g	Weizenmehl 405 oder Dinkelmehl 630
0,5 TL	Salz
1	Ei
100 g	Butter
1	Zwiebel
500 g	Champignons
1 EL	Öl
150 g	Kochschinken
200 g	Crème fraîche
50 ml	Milch
2	Eier
1 TL	Salz
0,5 TL	Pfeffer
250 g	Gouda oder Emmentaler

Zubereitung

1. Für den Mürbeteig das Mehl mit dem Salz vermischen. Das Ei und die kalte Butter in Würfeln dazugeben. Den Teig in einer Küchenmaschine oder mit dem Handrührgerät verkneten. Den Teig flach drücken und in eine Frischhaltefolie gewickelt mindestens 1 Stunde kaltstellen.

2. Die Zwiebel pellen und in kleine Würfel schneiden.

3. Die Champignons putzen und in Scheiben schneiden.

4. In einer Pfanne das Öl erhitzen und die Zwiebelwürfel anbraten. Die Champignonscheiben dazugeben und alles zusammen braten, bis die Champignons braun sind.

5. Den Kochschinken in Würfel schneiden und zu den Champignons geben.

6. Den Backofen auf 200 °C Umluft vorheizen.

7. Den Teig dünn ausrollen und in eine Tarteform mit herausnehmbarem Boden legen. Alternativ geht auch eine Auflaufform. Den Rand bündig abschneiden. Den Boden mehrfach mit der Gabel einstechen. Den Teig 10 - 12 Minuten bei 200 °C vorbacken. Anschließend die Hitze auf 180 °C reduzieren.

8. Crème fraîche, Milch und Eier mit Salz und Pfeffer verquirlen.

9. Den Käse reiben und ebenso unter die Eiermasse rühren.

10. Die Champignonmasse auf dem vorgebackenen Boden verteilen, glatt streichen, mit der Eiermasse übergießen und für 30 Minuten bei 180 °C Umluft backen.

Tipp:

Für die vegetarische Variante den Schinken durch Zucchiniwürfel oder Möhrenwürfel ersetzen.

Wer einen kräftigeren Käsegeschmack bevorzugt, nimmt einen Bergkäse zum Überbacken. Ein halber Teelöffel fein gehackter Thymian rundet die Tarte wunderbar ab.

Mokkacreme

Wenn nach einem herbstlichen Essen noch ein Dessert fehlt, dann hilft diese schön schokoladige Mokkacreme auf jeden Fall weiter. Die kräftige Kaffeenote und das feine Vanillearoma machen dieses Dessert so vielfältig und doch so einfach in der Zubereitung.

Menge	Zutat
225 g	Zartbitterschokolade
6	Gelatineblätter
300 ml	Kaffee
1 EL	Kaffeelikör
1 Tüte	Vanillezucker
1 - 2 EL	Zucker
400 g	Schlagsahne
	Amarettini
	Kaffeebohnen

Zubereitung

1. Schokolade hacken.

2. Gelatineblätter für 10 Minuten in kaltem Wasser einweichen.

3. Kaffee kochen und die Schokolade in dem heißen Kaffee schmelzen lassen.

4. Die Gelatineblätter ausdrücken und in die noch heiße Kaffee-Schokoladen-Mischung geben und so lange rühren, bis sie sich komplett aufgelöst haben.

5. Kaffeelikör und Vanillezucker unterrühren und abschmecken. Je nach Kakaoanteil in der Schokolade schmeckt die Kaffee-Schokolade etwas zu herb. Dann 1 - 2 Esslöffel Zucker unterrühren, bis die gewünschte Süße erreicht ist.

6. Die Kaffee-Schokolade im Kühlschrank kaltstellen, bis sie langsam andickt.

7. Die Schlagsahne in der Zwischenzeit steif schlagen. Etwas von der Sahne für die Dekoration beiseite stellen und die Sahne vorsichtig portionsweise unter die Kaffee-Schokoladen-Masse rühren. Die Mokkacreme in kleine Gläser oder Tassen füllen und fest werden lassen.

8. Mit der geschlagenen Sahne, Amarettini und Kaffeebohnen dekorieren.

Tipp:

Der Kaffeelikör kann für einen feinen Mandelgeschmack durch Amaretto ersetzt werden.

Apfelkuchen

Apfelkuchen schmeckt zum Glück ja nicht nur kalt. Für die ganz Ungeduldigen unter uns - man kann diesen Apfelkuchen auch schon warm essen. Mit einer Kugel Eis schmeckt der Kuchen gleich noch viel besser.

Menge	Zutat
200 g	Weizenmehl 405 oder Dinkelmehl 630
2 gestr. TL	Backpulver
125 g	Zucker
1 Tüte	Vanillezucker
1 Prise	Salz
1 TL	Zitronenabrieb
125 g	Butter
3	Eier
2 - 3 EL	Amaretto
	Butter für die Form
700 g	Äpfel
	Puderzucker

Zubereitung

1. Alle Zutaten abwiegen. Den Rührteig in einer Küchenmaschine oder mit dem Handrührgerät mixen.

2. Dafür das Mehl mit dem Backpulver mischen, Zucker, Vanillezucker, Salz und Zitronenabrieb dazugeben.

3. Die weiche Butter und die aufgeschlagenen Eier ebenso in die Schüssel geben. Alles für 2 Minuten mixen. Den Amaretto anschließend kurz unterrühren.

4. Den Boden einer 26-er Springform mit Backpapier auslegen oder mit Butter einfetten. Den Rand nicht einfetten.

5. Den Teig in die Form füllen und glatt streichen.

6. Den Ofen auf 180 °C Ober- und Unterhitze vorheizen.

7. Die Äpfel vierteln, schälen, entkernen und mehrmals der Länge nach einritzen.

8. Die Äpfel kranzförmig auf den Teig legen und leicht andrücken.

9. Den Kuchen bei 180 °C Ober- und Unterhitze für 45 - 50 Minuten backen.

10. Nach 45 Minuten mit einem Holzstäbchen an der dicksten Stelle in den Teig stechen. Klebt beim Herausziehen noch

Teig am Stäbchen, muss der Kuchen für weitere 5 Minuten in den Ofen.

11. Den Kuchen erkalten lassen und mit Puderzucker bestäuben.

12. Oder einfach gleich mit Vanilleeis essen.

Tipp:

Statt Äpfeln kann man Birnen nehmen. Statt Amaretto dann einen Nusslikör. Lieber ohne Alkohol im Kuchen? Dann einfach durch Milch oder Apfelsaft ersetzen.

Tapas-Abend

Gäste einladen, die man noch gar nicht richtig kennt oder wo sich nur die Hälfte der Leute kennt, da ist man als Gastgeber etwas mehr gefragt, den Abend gut zu planen. Also braucht man ein lockeres Essen, wo für jeden etwas dabei ist. Hier eignet sich hervorragend ein spanisches Essen oder, besser gesagt, ein Tapas Abend mit vielen kleinen Häppchen auf unterschiedlichen Tellern und in Schalen.

Die Gerichte werden herumgereicht und die Gespräche starten mit dem Essen und vor allem über das Essen. Schon ist man mittendrin und alles wird ganz locker.

Tapas lassen sich wunderbar vorbereiten, wieder warm machen und können auch lauwarm oder kalt genascht werden. Also perfekt, um sich, bevor die Gäste kommen, in Schale zu schmeißen und den Wein aufzumachen. Obwohl es bei uns doch oftmals eher Whisky für die Männer und Gin für die Frauen ist.

Wir stellen euch eine kleine Auswahl an Ideen für einen Tapas-Abend vor. Baguette und Brot sind die Grundlage eines solchen Abends. Man braucht ja schließlich eine Unterlage für Aioli oder die Sauce Rouille.

Scampispieße mit Knoblauch dürfen nicht fehlen, Datteln im Speckmantel sind ganz typisch und vor allem ganz einfach vorzubereiten. Datteln in halbierte Speckscheiben wickeln, Zahnstocher hineinstecken und für 15 Minuten im Ofen bei 180 °C backen.

Noch mehr Tapas!

Unsere geliebten Hasselbackkartoffeln passen

wunderbar zu den
Dips und sehen
einfach mal
anders aus!
Kartoffeln sehr
gründlich
waschen. Diese

von oben alle 3 mm einschneiden, aber nicht ganz durchschneiden. Knoblauch- oder Kräuteröl darübergeben und salzen. 45 Minuten im Ofen bei 180 °C backen. Kartoffeln auf ein Salzbett setzen, etwas Kräuterbutter darauflegen und weitere 10 - 15 Minuten im Ofen backen und auf dem Salzbett servieren.

Gegrilltes Gemüse und
Pimientos de Padrón sind
wunderbar leichte Begleiter
bei diesem Essen. Gemüse
putzen und in heißem

Olivenöl anbraten. Klein gehackten Knoblauch kurz mitbraten, alles salzen und auf einer Platte servieren.

Gut vorbereiten lässt sich auch Kichererbsensalat.
Diesen in kleinen Gläschen
anrichten und auf dem Tisch oder
einer großen Platte verteilen. Die
Zutaten lassen sich vielfältig
austauschen. Möhren statt
Paprika, Aprikosen statt
Blaubeeren, Oliven statt Tomaten.
Hauptsache, das Dressing ist mit
Olivenöl, Zitronensaft, Kreuzkümmel, Ahornsirup,
Salz, Pfeffer und Paprikapulver abgeschmeckt.

Hackbällchen werden auf der ganzen Welt gerne gegessen, also dürfen sie auch beim Tapas-Abend nicht fehlen. Albondigas, diese kleine weichen Hackbällchen mit Pinienkernen, Knoblauch und Petersilie in einer kräftigen Tomatensauce. Schwups, eben noch auf der Gabel und schon im Mund.

Welch ein Genuss!

Albondigas

Diese kleinen Hackbällchen sind traditionelle Tapas in einer pikanten Tomatensauce. Sie lassen sich gut vorbereiten und kurz vor dem Servieren einfach im Backofen für 20 Minuten erwärmen. Ein knuspriges Brot und eine aromatische Aioli dazu und schon steht einer leckeren Mahlzeit nichts mehr im Weg.

Menge	Zutat
3	Zwiebeln
4	Knoblauchzehen
1 Bund	Petersilie
4 EL	Olivenöl
30 g	Pinienkerne
500 g	Rinderhackfleisch
1	Ei
2 EL	Paniermehl
	Salz und Pfeffer
1	Chili
2 EL	Tomatenmark
400 g	Tomatenstücke in der Dose
1 TL	Zucker
1 TL	Paprikapulver
2	Lorbeerblätter
2	Rosmarinzweige
1	Thymianzweig

Zubereitung

1. Die Zwiebeln pellen und in feine Würfel schneiden.

2. Den Knoblauch pellen und sehr fein hacken.

3. Die Petersilie waschen und fein hacken.

4. Ein Esslöffel Olivenöl in einer Pfanne erhitzen und die Hälfte der Zwiebeln und des Knoblauchs darin glasig dünsten. Aus der Pfanne nehmen und etwas abkühlen lassen..

5. Die Pinienkerne grob hacken.

6. Die abgekühlte Zwiebel-Knoblauch-Mischung zum Hackfleisch geben und mit dem Ei, dem Paniermehl, den Pinienkernen, zwei Esslöffeln der gehackten Petersilie, einem Teelöffel Salz und einem halben Teelöffel Pfeffer sehr gut vermischen.

7. Anschließend walnussgroße Hackbällchen daraus formen.

8. In der Pfanne 2 Esslöffel Olivenöl erhitzen und die Hackbällchen von allen Seiten scharf anbraten. Diese anschließend aus der Pfanne nehmen und zur Seite stellen.

9. Die Chili waschen und fein hacken.

10. In derselben Pfanne erneut einen Esslöffel Olivenöl erhitzen und die Zwiebeln mit dem Knoblauch und den Chiliwürfeln anbraten.

11. Das Tomatenmark und die Tomatenstücke hinzugeben, mit je einem Teelöffel Salz, Zucker und Paprika und einem halben Teelöffel Pfeffer würzen. Lorbeerblätter, Rosmarin und Thymian zur Sauce geben und 10 Minuten köcheln lassen. Erneut abschmecken und die restliche Petersilie unter die Sauce rühren.

12. Die Hackbällchen in die Sauce geben und darin kurz erhitzen.

Tipp:

Die Albondigas lassen sich wunderbar auf Vorrat kochen. Einfach die Menge erhöhen und portionsweise einfrieren.

Kichererbsen-Salat

Knackig gebackene Kichererbsen treffen auf orientalische Gewürze. Obst gibt dem Salat eine leichte Süße und Feta-Käse und Kräuter runden das Ganze ab. Eine herrliche Beilage zu Hähnchen oder auch als Salat-Bowl für die Mittagspause.

Menge	Zutat
2	Gläser Kichererbsen á 350 g
	Olivenöl
1	Knoblauchzehe
1	Rote Zwiebel
3	Petersilienzweige
2	Dillzweige
2	Tomaten
1	Paprika
1	Zitronen
	Salz und Pfeffer
	Zucker
1 TL	Paprikapulver
1 TL	Kreuzkümmel
200 g	Feta
100 g	Blaubeeren oder Granatapfelkerne

Zubereitung

1. Die Kichererbsen abgießen und mit 2 Esslöffeln Olivenöl in einer Auflaufform vermischen. Im vorgeheizten Ofen bei 180 °C Umluft 20 Minuten backen. Anschließend abkühlen lassen.

2. Knoblauch pellen und sehr fein hacken. Die Zwiebel pellen und in feine Würfel schneiden.

3. Die Petersilie und den Dill waschen und grob hacken.

4. Tomaten und die Paprika waschen und in Stücke schneiden.

5. Den Saft der Zitrone auspressen und mit 4 Esslöffeln Olivenöl, jeweils einem Teelöffel Salz, Pfeffer, Zucker, Paprikapulver und Kreuzkümmel mischen. Das Dressing abschmecken

6. Die Kichererbsen mit Zwiebeln, Knoblauch, Kräutern, Tomaten und Paprika mischen. Das Dressing darübergeben und kurz durchrühren.

7. Den Fetakäse in kleine Würfel schneiden und über den Salat geben.

8. Blaubeeren waschen und halbieren. Diese zum Schluss über den Salat streuen. Alternativ Granatapfelkerne über den Salat streuen.

Tipp:

Die Blaubeeren lassen sich durch getrocknete Aprikosenwürfel ersetzen. Wer den Salat lieber etwas herzhafter möchte, ersetzt das Obst durch Oliven.

Churros

Wie kann ein Tapas-Abend besser enden als mit herrlich duftenden und zart knusprigen Churros? Es gibt nur noch zwei Steigerungen! Churros mit Zimt und Zucker und Churros mit Zimt und Zucker und Schokoladensauce. Aber probiert es selbst!

Menge	Zutat
200 ml	Milch
100 g	Zartbitterschokolade
1 TL	Speisestärke
250 ml	Wasser
75 g	Butter
1 Prise	Salz
150 g	Weizenmehl 405 oder Dinkelmehl 630
4	Eier
6 EL	Zucker
1 EL	Zimt
	Frittieröl oder Pflanzenfett

Zubereitung

1. Die Milch, bis auf 3 Esslöffel, in einem Topf erhitzen. Die Schokolade fein hacken und zur Milch geben. Unter Rühren die Schokolade schmelzen lassen.

2. Die Speisestärke in den 3 Esslöffeln Milch glatt rühren und in die kochende Schokoladenmilch einrühren. Eine Minute kochen lassen. Die Schokoladensauce in 2 kleine flache Schälchen füllen, damit man die Churros gut eindippen kann.

3. Wasser in einem großen Topf erhitzen, die Butter und das Salz hinzugeben und kurz aufkochen lassen. Die Butter muss geschmolzen sein.

4. Das Mehl in das Wasser-Butter-Gemisch geben und kräftig unterrühren. Die Herdplatte ausstellen. Mit einem Holzlöffel weiter rühren, bis sich ein Teigkloß und am Topfboden ein weißer Belag bildet.

5. Nun werden die Eier einzeln in den Teig mit den Knethaken des Mixers untergerührt. Das nächste Ei hinzufügen, wenn das vorhergehende Ei vollständig in den Teig eingearbeitet ist. Der Teig wird jetzt glänzend.

6. Zucker und Zimt miteinander verrühren und beiseite stellen.

7. Frittieröl oder Pflanzenfett in einer Fritteuse oder im Topf auf 170 °C erhitzen. Wer kein Thermometer oder eine Fritteuse hat, kann die Temperatur folgendermaßen überprüfen indem er einen Holzlöffelstiel in das heiße Öl hält. Ist die Temperatur erreicht, steigen Blasen am Holzlöffelstiel auf.

8. Die Churrosmasse in einen Spritzbeutel mit großer Sterntülle geben und ca. 10 cm lange Streifen in das heiße Fett drücken. Maximal 3 - 4 Churros gleichzeitig für 1,5 - 2,5 Minuten goldgelb backen. Mit einer Edelstahlschaumkelle die Churros zwischendurch kurz wenden. Wenn sie goldgelb sind, aus dem Fett nehmen und auf einem Küchenkrepp abtropfen lassen. Direkt in Zimt-Zucker wälzen und im 100 °C heißen Ofen warmhalten, bis alle fertig frittiert sind.

9. Die noch warme Schokoladensauce dazu servieren und genießen.

Tipp:

Churros schmecken am besten frisch. Sollten dennoch welche übrig bleiben, können sie im 200 °C heißen Backofen wieder warm und knusprig gemacht werden. Ofen vorheizen und Churros für 5 Minuten backen lassen.

Geschmackserlebnisse im Winter

Geschmackserlebnisse im Winter

Eben war der Herbst noch da und schon steuert man mit großen Schritten auf Weihnachten und den Winter zu. Diese Jahreszeit lässt uns auf der einen Seite langsam zur Ruhe kommen und auf der andere Seite doch manchmal in hektisches Treiben verfallen. Wie schön ist es, im Winter nach einem langen Tag sich an den gedeckten Tisch zu setzen und herzerwärmende Gerichte zu genießen. Für mich gehören im Winter viele leckere Schmorgerichte, deftige Suppen und leckere Saucen dazu. Jetzt kommt die Jahreszeit, wo ich gerne manche Gerichte für 2 Tage koche. Wer mag den Grünkohl oder die Kartoffelsuppe am 2. Tag nicht noch viel lieber?

Im Winter erwacht auch immer wieder meine Leidenschaft für Brot, Kuchen und Plätzchen backen. Eine Sache, die im Sommer, wenn es lange hell ist, wirklich zu kurz kommt.

Wie herrlich duftet die Küche, wenn der Ofen aufgeht und die fertigen Plätzchen und Brote herausgeholt werden. Am liebsten möchte man alles gleich warm probieren, auch als Erwachsener noch.

Im Winter dürfen die Eintöpfe auch gerne mal etwas schärfer sein. Ingwer und Chili wärmen so schön von innen. Hier fällt mir gleich eines unserer Lieblingsgerichte ein. Afrikanischer Schmortopf. Hähnchenfleisch, Süßkartoffeln und Nüsse geben eine herrliche Struktur. Weißkohl und Tomaten runden das Ganze geschmacklich ab. Den Pep bringen dann Chili, Knoblauch und Ingwer an dieses leckere Gericht.

Eine schöne vegetarische Alternative zum klassischen Grünkohl findet ihr mit unserem Erdnusscrunchy-Grünkohl. Schmeckt auch kalt so gut, dass man gar nicht aufhören kann zu naschen.

Afrikanischer Erdnusstopf

Der Regen prasselt gegen die Fenster, es stürmt und man hat Lust auf ein herrlich wärmendes Essen für die ganze Familie. Dieser Eintopf wärmt nicht nur den Körper, sondern vor allem das Herz und den Gaumen mit vielfältigen Genüssen. Wenn die ersten Löffel gegessen sind und alle genüsslich schweigen, hat dieser Eintopf das Zeug, ein neues Lieblingsgericht zu werden. Die cremige Konsistenz, der crunchige Erdnussbiss und der herrliche Duft machen gleich Lust auf einen zweiten Teller.

Menge	Zutat
1	Gemüsezwiebel
1 - 2	Knoblauchzehen
1 kl. Stück	Ingwer
1	Chilischote
1 kl.	Wurzelpetersilie
125 g	Knollensellerie
2	Möhren
2 kl.	Süßkartoffeln
1 kl.	Weißkohl
1/2 Stange	Porree
2 - 3	Lauchzwiebeln
300 g	Hähnchenbrust
2 EL	Öl
400 g	Tomatenstücke aus der Dose
1 EL	Geräuchertes Paprikapulver
150 g	Erdnussbutter
50 g	Erdnüsse geröstet und gesalzen
1 TL	Kreuzkümmel
1	Gelbe Paprika

Zubereitung

1. Die Zwiebel und den Knoblauch pellen und in kleine Würfel schneiden.

2. Den Ingwer schälen, die Chili waschen und beides sehr klein hacken.

3. Wurzelpetersilie, Knollensellerie, Möhren und Süßkartoffeln schälen. Wurzelpetersilie und Sellerie in kleine Würfel schneiden. Süßkartoffeln etwas größer würfeln und Möhren in Scheiben schneiden.

4. Den Weißkohl waschen, die äußeren Blätter entfernen, Kohl halbieren, Strunk entfernen und den Kohl in dünne Streifen schneiden.

5. Den Porree und die Lauchzwiebeln waschen und getrennt in dünne Ringe schneiden.

6. Die Hähnchenbrust waschen und würfeln.

7. Öl in einem großen Topf erhitzen und die Hähnchenwürfel scharf anbraten. Die Temperatur etwas reduzieren und Zwiebeln, Porree, Weißkohl, Knoblauch, Ingwer und Chili dazugeben und ca. 5 Minuten mitbraten.

8. Die Tomatenstücke, Möhren, Süßkartoffeln, Wurzelpetersilie, Knollensellerie und Erdnussbutter dazugeben.

9. Etwas Wasser, je einen Teelöffel Salz, Pfeffer und Kreuzkümmel sowie einen Esslöffel Paprikapulver hinzugeben und 20 Minuten köcheln lassen.

10. Die Paprika waschen, in kleine Streifen schneiden, zum Erdnusseintopf geben und für weitere 10 Minuten köcheln lassen. Den Eintopf mit den Gewürzen erneut abschmecken.

11. Lauchzwiebeln und Erdnüsse zum Schluss über das Gericht streuen.

Tipp:

Baguette oder Basmatireis als Beilage dazu und schon reicht es auch für 6 Personen.

Bohnen-Cassoulet

Cassoulet, ein herrlich duftender, herzhafter und vor allem reichhaltiger Eintopf -
genau das richtige Gericht für den Winter. Ursprünglich kommt das Cassoulet aus
Südfrankreich, der Region Languedoc. Dort wird es in einer traditionellen
Keramikform, der Cassole, im Backofen über Stunden zubereitet. Die sich immer
wieder bildende Kruste wird vorsichtig untergehoben. Dem Volksmund nach sollen
es 7 Krusten sein. Wir haben hier die deutsche Version des französischen
Nationalgerichts für uns als Lieblingsgericht gefunden.

Menge	Zutat
250 g	Getrocknete weiße Bohnen
2	Zwiebeln
2	Knoblauchzehen
100 g	Wurzelpetersilie
200 g	Knollensellerie
250 g	Möhren
250 g	Kartoffeln
250 g	Porree
400 g	Rinderbeinscheibe
	Olivenöl
250 g	Merguez-Würstchen
150 g	Speck am Stück
400 g	Tomatenstücke in der Dose
je 1	Rosmarinzweig und Thymianzweig
2	Lorbeerblätter
	Salz und Pfeffer
1 - 2 TL	Paprikapulver
Prise	Zucker

Zubereitung

1. Die Bohnen für ca. 12-24 Stunden in kaltem Wasser einweichen.

2. Die Zwiebeln und den Knoblauch pellen und in kleine Würfel schneiden.

3. Wurzelpetersilie, Knollensellerie und Möhren schälen. Wurzelpetersilie und Sellerie in kleine Würfel schneiden. Die Möhren in Scheiben schneiden.

4. Kartoffeln schälen und in große Würfel schneiden.

5. Den Porree waschen und in feine Ringe schneiden.

6. Die Beinscheibe in Öl scharf anbraten, die Merguez-Würstchen in Scheiben schneiden und mit der Beinscheibe anbraten. Das Fleisch und die Wurst aus dem Topf nehmen und beiseite stellen. Den Speck in 1 cm große Würfel schneiden und im Topf anbraten.

7. Die Zwiebeln, den Porree und den Knoblauch für 5 Minuten mit dem Speck anbraten.

8. Die anderen Gemüsesorten hinzugeben und kurz anschwitzen.

9. Die Bohnen abgießen, mit Wasser abspülen und zum Gemüse geben.

10. Tomatenstücke und Kräuter dazugeben und mit zwei Teelöffeln Salz, je einem Teelöffel Pfeffer und Paprikapulver würzen. Das Fleisch und die Würstchenstücke hinzugeben und mit 750 ml Wasser aufgießen. Alles zusammen ca. 3 Stunden köcheln lassen.

11. Ab und zu vorsichtig umrühren und evtl. etwas Wasser nachgießen.

12. Wenn sich die Beinscheibe vom Knochen lösen lässt, diese klein würfeln und unter das Cassoulet heben.

13. Alles mit Salz, Pfeffer, Paprika und etwas Zucker abschmecken.

> *Tipp:*
>
> *Wer es noch etwas deftiger mag, ersetzt die Beinscheibe durch Schweinenackenbraten. Diesen in Würfel schneiden und am Anfang mit anbraten. Wenn alles vermischt ist, den Eintopf in eine Cassole füllen und für 3-4 Stunden im Ofen bei 160 °C Umluft garen. Die dabei entstehende Kruste immer wieder leicht unterheben. Ganz zum Schluss etwas Paniermehl auf die Cassoulet streuen und die Hitze für 10 Minuten auf 200 °C stellen.*

Erbseneintopf

Eine typische Suppe für den Winter. Kräftige Landjäger, cremige Erbsen und Kartoffeln und knackige junge Erbsen lassen das Herz jedes Suppenfans höher schlagen. Da ein Erbseneintopf am zweiten Tag bekanntlich besser schmeckt, reicht diese Menge für 4 Personen für zwei Tage.

Menge	Zutat
250 g	getrocknete Erbsen
1,5 L	Wasser
500 g	Kartoffeln
2	Zwiebeln
250 g	Möhren
100 g	Wurzelpetersilie
200 g	Knollensellerie
250 g	Porree
	Salz und Pfeffer
Prise	Zucker
1 Bund	Petersilie
250 g	Tiefkühlerbsen
250 g	Landjäger-Würstchen

Zubereitung

1. Erbsen mit 1,5 Liter Wasser zum Kochen bringen und 2 Stunden kochen lassen.

2. Kartoffeln schälen und in wenig Salzwasser gar kochen und grob stampfen. Im Topf stehen lassen.

3. Die Zwiebeln pellen und in kleine Würfel schneiden.

4. Möhren, Wurzelpetersilie und Knollensellerie schälen. Alles in kleine Würfel schneiden.

5. Den Porree waschen und in feine halbe Ringe schneiden.

6. Das vorbereitete Gemüse zu den Erbsen geben, 3 Teelöffel Salz dazugeben und weitere 30 Minuten kochen lassen.

7. Den Kartoffelstampf zur Suppe geben und unterrühren.

8. Die Petersilie waschen und fein hacken, unter die Suppe rühren.

9. Die Tiefkühlerbsen in die Suppe geben.

10. Die Landjäger vierteln und in kleine Würfel schneiden.

11. Die Suppe weitere 5 Minuten köcheln lassen und mit Salz, Pfeffer und etwas Zucker abschmecken.

Tipp:

Für den etwas rauchigeren Geschmack eine Scheibe Kasseler-Nackenbraten mit den Erbsen kochen. Das Fleisch aus der Suppe nehmen, in feine Würfel schneiden und wieder zur Suppe geben.

Chili con Carne

Ob für die nächste Party, das Gute-Laune-Essen am Wochenende oder als Essen auf Vorrat für die Familie in der Woche, Chili con Carne geht immer! Im Winter heizt die schöne Chili-Schärfe von innen noch zusätzlich ein. Für die ganz Harten klein geschnittene Chili und Knoblauch in Öl langsam erhitzen und als Scharfmacher dazu reichen.

Menge	Zutat
250 g	Getrocknete Kidneybohnen
400 g	Rinderhackfleisch
1 EL	Öl
2	Zwiebeln
2	Knoblauchzehen
1 - 3	Chili
100 g	Knollensellerie
200 g	Möhren
100 g	Porree
100 g	Tomatenmark
680 g	Passierte Tomaten
1	Paprika
350 g	Zuckermais im Glas
	Salz und Pfeffer
	Zucker
	Paprikapulver

Zubereitung

1. Die getrockneten Bohnen für 1,5 Stunden in Salzwasser garen.

2. Das Hackfleisch im heißen Öl in einem Topf krümelig braten.

3. Die Zwiebeln und den Knoblauch pellen und in kleine Würfel schneiden.

4. Die Chili waschen und fein hacken.

5. Knollensellerie und Möhren schälen. Beides mit der Gemüsereibe grob raspeln.

6. Den Porree waschen und in feine halbe Ringe schneiden.

7. Die Zwiebeln, den Porree und den Knoblauch für 5 Minuten mit dem Hack anbraten. Die Hälfte der Chiliwürfel hinzufügen und mitbraten. Später mit Chili nachwürzen.

8. Das restliche Gemüse hinzugeben und kurz mitbraten.

9. Das Tomatenmark und die passierten Tomaten unterrühren.

10. Die Bohnen abgießen und zum Gemüse geben.

11. Alles zusammen 30 Minuten kochen lassen.

12. Die Paprika waschen und in kleine Würfel schneiden. Den Mais abgießen und zusammen mit der Paprika zum Chili con Carne geben, weitere 5 Minuten köcheln lassen.

13. Alles mit Salz, Pfeffer, Paprika und etwas Zucker abschmecken. Evtl. mit etwas Chili nachwürzen.

> Tipp:
>
> *Wer es nicht ganz so scharf mag, verrührt 200 g saure Sahne mit etwas Salz und einer Prise Zucker und gibt einen Löffel davon auf den Teller über das Chili con Carne.*

Grünkohl-Erdnusscrunchy

Grünkohl mal ganz anders. Vegan, mit Erdnuss und Kreuzkümmel und dazu noch Süßkartoffeln?! Kann das schmecken, so ganz ohne Mettenden und Kasseler? Ein ganz klares Ja! Der leicht orientalische und afrikanische Hauch geben dem Grünkohl ein ganz neues Gewand, weg von der Tradition hin zur modernen Küche. Probiert es aus!

Menge	Zutat
1,5 kg	Frischer Grünkohl
2	Zwiebeln
2	Knoblauchzehen
1	Chili
4 EL	Olivenöl
250 ml	Gemüsebrühe
	Salz und Pfeffer
2	Süßkartoffeln
4 EL	Erdnussbutter crunchy
3 TL	Körniger Senf
1 TL	Kreuzkümmel
1 EL	Zuckerrübensirup
	Zucker
50 g	Gesalzene Erdnüsse

Zubereitung

1. Den frischen Grünkohl waschen, vom Stengel zupfen, in kochendem Salzwasser kurz blanchieren und sofort kalt abschrecken. Den Grünkohl in grobe Stücke hacken und zur Seite stellen. Alternativ 1 kg küchenfertigen Grünkohl verwenden.

2. Die Zwiebeln und den Knoblauch pellen und in kleine Würfel schneiden.

3. Die Chili waschen und fein hacken.

4. Zwiebelwürfel in 2 Esslöffeln Olivenöl anbraten. Knoblauch und Chili dazugeben und kurze Zeit mitbraten. Den Grünkohl dazugeben, unterrühren und mit der Gemüsebrühe ablöschen. Einen Teelöffel Salz hinzufügen und mit geschlossenem Deckel 45 Minuten garen.

5. In der Zwischenzeit die Süßkartoffeln schälen und in 0,5 cm dicke Scheiben schneiden.

6. In einer beschichteten Pfanne 2 Esslöffel Olivenöl erhitzen und die Süßkartoffelscheiben von beiden Seiten bei mittlerer Hitze je 6 - 7 Minuten knusprig braun braten.

7. Den Grünkohl mit Erdnussbutter, körnigem Senf, Kreuzkümmel, Salz, Pfeffer, Sirup und Zucker abschmecken und weitere 10 Minuten köcheln lassen.

8. Die Erdnüsse in grobe Stücke hacken.

9. Den Grünkohl mit den Süßkartoffelscheiben anrichten und mit den gehackten Erdnüssen bestreuen.

Tipp:

Ein wenig mehr Farbe auf den Teller bringen 2 rote Paprika. Diese waschen, in Würfel schneiden, mit der Erdnussbutter zum Grünkohl geben und 10 Minuten mitkochen.

Gulaschsuppe

Was kann es im Winter Herrlicheres geben als eine Gulaschsuppe? Kräftig angebratenes Rindfleisch, aromatisches Gemüse und herzhafte Paprika geben der Suppe einen wunderbaren Geschmack.

Menge	Zutat
400 g	Rindergulasch
2 EL	Öl
400 g	Zwiebeln
150 g	Porree
250 g	Möhren
150 g	Knollensellerie
2	Knoblauchzehen
1	Chili
150 g	Champignons
400 g	Kartoffeln
100 ml	Rotwein
2 TL	Zucker
100 g	Tomatenmark
680 g	Passierte Tomaten
1,5 L	Brühe
	Salz und Pfeffer
2 TL	Paprikapulver
1	Paprika rot

Zubereitung

1. Das Rindfleisch abwaschen, trocknen und in kleine Würfel schneiden. Das Öl in einem großen Topf erhitzen und das Rindfleisch unter Rühren sehr braun anbraten.

2. In der Zwischenzeit das Gemüse vorbereiten.

3. Die Zwiebeln pellen und in kleine Würfel schneiden.

4. Den Porree waschen und in feine Ringe schneiden.

5. Möhren und Knollensellerie schälen. Möhren und Sellerie in sehr kleine Würfel schneiden.

6. Knoblauch pellen, Chili waschen und beides sehr fein hacken.

7. Champignons waschen, putzen und in kleine Würfel schneiden.

8. Kartoffeln schälen, in kleine Würfel schneiden und bis zur Verwendung in kaltes Wasser legen.

9. Nach und nach die Gemüsesorten bis auf die Kartoffeln mit zum Fleisch geben und jeweils einzeln mit anbraten lassen.

10. Wenn das ganze Gemüse im Topf ist und es am Boden anfängt zu bräunen, den Rotwein angießen und den Bratensatz unter Rühren los kochen. Den kompletten Rotwein verkochen lassen.

11. Zucker und Tomatenmark hinzugeben und immer wieder rühren, damit es leicht bräunt.

12. Die passierten Tomaten und Brühe angießen und kräftig durchrühren.

13. 3 Teelöffel Salz, 2 Teelöffel Pfeffer und 2 Teelöffel Paprikapulver zur Suppe geben und für 60 Minuten kochen lassen.

14. Jetzt die Kartoffeln dazugeben und alles für weitere 30 Minuten kochen lassen.

15. Zum Schluss die Paprika waschen und in kleine Würfel schneiden. Für 5 Minuten in der Suppe mitkochen.

16. Die Suppe mit Salz, Pfeffer, Paprika und Zucker abschmecken.

Tipp:

Für die vegetarische Variante das Gulasch durch mehr Kartoffeln, Zwiebeln und Champignons ersetzen.

Baguette

Draußen stürmt es, der Regen peitscht an die Scheiben, ein typisch norddeutscher Wintertag. Drinnen ein hübsch gedeckter Tisch, ein leckeres Abendessen mit Freunden und aus dem Ofen kommt ein herrlich duftendes und knuspriges Baguette! Kann es etwas Schöneres geben?

Menge	Zutat
360 g	Weizenmehl 550 oder Dinkelmehl 630
240 ml	Wasser
2 g	Frische Hefe
7 g	Salz
etwas	Mehl für die Arbeitsplatte
etwas	Öl für die Schüssel
ein	großes Leinentuch

Zubereitung

1. Mehl und Salz in die Schüssel einer Küchenmaschine geben. Zwei Gramm Hefe fein über das Mehl krümeln. Lauwarmes Wasser über die Hefe gießen.

2. Alle Zutaten mit der Küchenmaschine auf kleinster Stufe mit dem Knethaken für 3 Minuten kneten. Für weitere 7 Minuten auf der nächsthöheren Stufe kneten. Es sollte ein sehr homogener Teig entstehen.

3. 60 Minuten den Teig bei Zimmertemperatur zugedeckt gehen lassen. Dabei alle 20 Minuten den Teig von außen zur Mitte hin falten.

4. Eine große Schüssel mit etwas Öl ausstreichen und den Teig hineingeben, die Schüssel mit einem Deckel oder einer Folie verschließen. Den Teig nun für 24 - 72 Stunden in den Kühlschrank bei 4 - 6 °C stellen.

5. 30 Minuten vor Verwendung den Teig aus dem Kühlschrank nehmen und bei Zimmertemperatur in der geschlossenen Schüssel stehen lassen.

6. Den Teig auf eine leicht bemehlte Arbeitsplatte geben und 3 gleich große Teiglinge abstechen, rechteckig flach drücken und zu Zylindern aufrollen. Diese für 15 Minuten in einem Leinentuch ruhen lassen.

7. Nun aus den Zylindern Baguettes formen. Dafür die Zylinder mit der geschlossenen Seite nach unten legen

und leicht flach drücken. Die Hände leicht bemehlen und mit der rechten Hand den Teig von rechts nach links von hinten nach vorne über den linken Daumen schlagen und auf dem Teig leicht andrücken. Dabei den Teig leicht in die Breite ziehen. Jetzt den Teigling umdrehen und erneut das Baguette falten und in die Länge ziehen. Jetzt ein drittes Mal den Teig falten und die Enden schön verschließen.

8. Die Baguettes vorsichtig auf Backblechlänge ausrollen und mit der „Öffnung" nach oben ins Leinen legen und 60 Minuten gehen lassen.

9. Den Backofen auf 250 °C vorheizen. Die Baguettes auf ein Backblech mit der Öffnung nach unten geben und mit einem Messer 4 Mal leicht schräg einschneiden. Die Schnitte überlappen leicht.

10. Die Baguettes 10 Minuten mit Wasserdampf backen, den Dampf herauslassen und weitere 10 Minuten backen, bis sie schön goldbraun sind.

Rindergulasch

Essenswünsche? Jede Familie kennt bestimmt diese wöchentliche Diskussion. Einer fragt, keiner antwortet! Meistens werfe ich dann ganz absurde Dinge ins Rennen und schon sprudeln die Ideen meiner Familie. Wenn ich aber Gulasch ins Spiel bringe, wird höchstens noch über die Beilage diskutiert. Mit Nudeln oder Serviettenknödeln? Mit Bohnen, Rotkohl oder Gurkensalat? Da Gulasch am zweiten Tag noch besser schmeckt, ist das Rezept einfach gleich für 8 Portionen. Und dann gibt es am nächsten Tag einfach die anderen Beilagenwünsche.

Menge	Zutat
1,5 kg	Rindergulasch
50 g	Butterschmalz
1 kg	Zwiebeln
100 g	Tomatenmark
375 ml	Rotwein
2 L	Wasser
600 g	Champignons
	Salz und Pfeffer
	Zucker

Zubereitung

1. Das Rindfleisch abwaschen und trocken tupfen. In einem Bräter das Butterschmalz erhitzen und das Rindfleisch unter Rühren portionsweise sehr braun anbraten.

2. In der Zwischenzeit die Zwiebeln pellen und in kleine Würfel schneiden.

3. Die Zwiebelwürfel zum Fleisch geben und mit braun anbraten.

4. Das Tomatenmark hinzugeben und unter Rühren bräunen. Aufpassen, dass es nicht anbrennt.

5. Wenn es am Boden anfängt zu bräunen, die Hälfte des Rotweins angießen und den Bratensatz unter Rühren los kochen. Den kompletten Rotwein verkochen lassen.

6. Den restlichen Rotwein hinzugeben und erneut den Bratensatz los rühren und den Rotwein verkochen lassen.

7. Das Wasser und 4 Teelöffel Salz hinzugeben, alles durchrühren und 1 Stunde kochen lassen.

8. Die Champignons putzen, vierteln und zum Gulasch geben. Anschließend eine weitere Stunde köcheln lassen.

9. Zwischendurch immer wieder umrühren und aufpassen, dass es nicht anbrennt. Evtl. etwas Wasser nachgießen.

10. Nach 2 bis 2,5 Stunden prüfen ob das Gulasch zart ist.

11. Die Zwiebeln sind jetzt verkocht und haben der Sauce eine gute Bindung gegeben.

12. Falls es noch etwas zu flüssig sein sollte, die Sauce ohne Deckel bei starker Hitze einkochen lassen.

13. Das Gulasch mit Salz, Pfeffer und Zucker abschmecken.

Tipp:

Keine Pilzliebhaber in der Familie? Dann lieber Paprika statt Pilze! Rote Paprika in Würfel schneiden und nach 1,5 Stunden zum Gulasch geben. Zum Schluss mit 1 - 2 TL Rosenpaprika würzen und 1 - 2 EL Crème fraîche unterrühren.

Laugenknödel

In Norddeutschland gibt es keine wirkliche Knödelkultur. Wir essen halt gerne Kartoffeln, die hier auf feinem Sandboden wachsen. Dennoch haben es die Laugenknödel oder, besser gesagt, die Serviettenknödel in die Lieblingsgerichte geschafft. Sie sind halt nicht wie Gummibälle, sondern in Scheiben geschnitten sehen sie schön aus und schmecken leicht salzig mit einer herrlichen Zwiebel- und Petersiliennote. Der perfekte Begleiter für alle Saucengerichte.

Menge	Zutat
600 g	Laugenbrötchen vom Vortag
2	Rote Zwiebeln
1	Knoblauchzehe
1 EL	Butter
600 ml	Milch
1 TL	Salz
1 TL	Pfeffer
2 -3	Petersilienzweige
4	Eier

Zubereitung

1. Die leicht angetrockneten Laugenbrötchen in 1 cm große Würfel schneiden und in eine große Schale geben.

2. Die Zwiebeln pellen und in sehr kleine Würfel schneiden.

3. Den Knoblauch pellen und sehr fein hacken.

4. Zwiebeln und Knoblauch in der Butter im Topf glasig braten.

5. Die Milch dazugießen und einmal aufkochen lassen.

6. Salz und Pfeffer unterrühren.

7. Die Petersilie waschen, trocknen, fein hacken und zur Milch geben.

8. Die heiße Milch über die Laugenwürfel gießen und mit einem Holzlöffel unterrühren. Etwas abkühlen lassen.

9. Die Eier verquirlen, über die Laugenwürfel geben und kräftig untermischen.

10. Die Knödelmischung halbieren und jeweils in einen 3-Liter-Gefrierbeutel geben. Die Masse am Boden des Gefrierbeutels verteilen und darin zu einer festen Rolle formen. Den Beutel aufrollen und in ein Geschirrtuch wickeln. Die Enden mit einem Bindfaden verschließen.

11. In einem großen Topf die beiden Beutel für 60 Minuten leicht köcheln lassen. Alternativ können die Beutel im Dampfgarer für 60 Minuten bei 90 °C und 100 % Feuchtigkeit gegart werden. Dann brauchen sie nicht in ein Geschirrtuch gewickelt werden.

12. Die Knödel nach Ende der Garzeit aus dem Gefrierbeutel nehmen, in 1,5 cm dicke Scheiben schneiden und servieren.

13. Restliche Scheiben am nächsten Tag in Butter in der Pfanne knusprig braun braten und als Beilage servieren.

Tipp:

Eine größere Menge Laugenknödel zubereiten, die Scheiben portionsweise einfrieren und leicht aufgetaut in der Pfanne in Butter knusprig braten.

Shepherd's Pie

Eine fein abgeschmeckte Hackfleischsauce mit viel leckerem Gemüse versteckt sich unter cremigen Kartoffelbrei-Tupfen. Geschmolzener Gouda gibt dem Pie den letzten Kick. Tupfen für Tupfen verschwindet dieser Auflauf genussvoll im Mund.

Menge	Zutat
2	Zwiebeln
0,5	Porreestangen
5	Möhren
70 g	Knollensellerie
2	Knoblauchzehen
2 EL	Bratöl
400 g	Rinderhackfleisch
350 ml	Passierte Tomaten
100 g	Tomatenmark
150 ml	Brühe
	Salz und Pfeffer
150 g	Erbsen frisch oder TK
1 kg	Kartoffeln
50 g	Butter
	Milch
100 g	Gouda

Zubereitung

1. Die Zwiebeln pellen und in feine Würfel schneiden.

2. Den Porree waschen und in sehr feine halbe Ringe schneiden.

3. Möhren und Knollensellerie schälen. Knollensellerie grob raspeln und Möhren in Würfel schneiden.

4. Knoblauch pellen und hacken.

5. Das Öl in einem Topf erhitzen und das Hackfleisch krümelig darin anbraten. Die Zwiebeln hinzufügen und 3 Minuten mitbraten.

6. Jetzt den Knoblauch, den Porree, die Möhren und den Sellerie hinzufügen. Alles zusammen weitere 5 Minuten braten lassen.

7. Die passierten Tomaten und das Tomatenmark dazugeben verrühren und 15 Minuten kochen lassen. Je nach gewünschter Konsistenz etwas Brühe angießen.

8. Mit 2 Teelöffeln Salz und 1 Teelöffel Pfeffer würzen und abschmecken.

9. Kartoffeln schälen und in Salzwasser weich kochen.

10. Kartoffeln abgießen, mit der Butter stampfen und Milch unterrühren, bis ein lockerer Kartoffelbrei entsteht.

11. Die Erbsen unter die Hackfleischsauce rühren und diese in eine Auflaufform geben. Kartoffelbrei in einen Spritzbeutel mit Sterntülle füllen, Tupfen für Tupfen auf die Hackfleischmasse geben und mit geriebenem Käse bestreuen.

12. Im vorgeheizten Ofen 30 Minuten bei 170 °C Ober- und Unterhitze backen.

Tipp:

Wer keinen Spritzbeutel zur Hand hat, streicht den Kartoffelbrei einfach glatt auf die Hackfleischsauce.

Ossobuco

Ossobuco ist nicht irgendein italienisches Schmorgericht, es ist DAS Schmorgericht der italienischen Küche. Zartes Rind- oder Kalbfleisch in einer kräftigen Sauce aus Tomaten, Gemüse, Brühe und einem Schuss Weißwein. Als Topping darf die Gremolata nicht fehlen, eine Mischung aus Petersilie, Zitronenabrieb und gehacktem Knoblauch. Diese fein-säuerliche und frische Kräuternote macht es richtig perfekt!

Menge	Zutat
4	Kalbs- oder Rinderbeinscheiben à ca. 300 g
	Salz und Pfeffer
2	Zwiebeln
4	Knoblauchzehen
200 g	Möhren
200 g	Staudensellerie
2 EL	Olivenöl
100 g	Tomatenmark
100 ml	Weißwein
600 ml	Brühe
400 g	Tomatenstücke aus der Dose
1	Rosmarinzweig
2	Lorbeerblätter
	Zucker
1/2 Bund	Petersilie
1	Zitrone

Zubereitung

1. Die Beinscheiben waschen, trocken tupfen und mit Salz und Pfeffer würzen.

2. Zwiebeln und Knoblauch pellen und in feine Würfel schneiden. Möhren schälen, Staudensellerie waschen und beides in feine Würfel schneiden.

3. Das Olivenöl in einem Bräter erhitzen, die Beinscheiben von beiden Seiten braun anbraten, aus dem Topf nehmen und zur Seite legen.

4. Die Zwiebelwürfel in das Bratfett geben und goldgelb bräunen lassen. Das Tomatenmark dazugeben und unter Rühren bräunen lassen.

5. Den Weißwein angießen und das gebräunte Tomatenmark loskochen. Die Flüssigkeit komplett verkochen lassen.

6. Die Hälfte vom Knoblauch, die Möhren und Selleriewürfel dazugeben. Mit Brühe aufgießen und die Tomatenstücke hinzugeben. Einen Teelöffel Salz unter die Sauce rühren. Rosmarinzweig und Lorbeerblätter unter die Sauce rühren.

7. Den Ofen auf 180 °C Ober- und Unterhitze vorheizen.

8. Die Beinscheiben in die Sauce legen und mit Sauce bedecken. Den Bräter verschließen. Im vorgeheizten Ofen für ca. 2,5 Stunden schmoren lassen. Das Fleisch ist gar, wenn es sich vom Knochen löst. Die Ossobuco-Sauce mit Salz, Pfeffer und evtl. Zucker abschmecken.

9. Für die Gremolata die Petersilie waschen und fein hacken. Die Zitrone waschen und die Schale fein abreiben. Petersilie und Zitronenabrieb mit dem restlichen Knoblauch vermischen.

10. Kurz vor dem Servieren die Gremolata über das Fleisch streuen und das Ossobuco mit Tagliatelle servieren.

Tipp:

Etwas mehr kochen und am nächsten Tag das Ossobuco erwärmen und die Beinscheiben mit zwei Gabeln in sehr feine Stücke rupfen. Schon ist eine herrliche Sauce zu Pasta fertig!

Das Beste kommt zum Schluss!

Was als zaghaftes Projekt begann, verselbstständigte sich mit der Zeit immer mehr. Viele unserer Ideen wurden im Topf zusammengefügt, auf Fotos und in Rezepten festgehalten. Mit jedem gekochten Gericht fiel es uns leichter, die Texte zu schreiben und die Bilder zurechtzurücken. Unsere Schmunzelgeschichten gab es zum Glück gratis beim gemeinsamen Kochen.

Wir hatten sehr viel Spaß beim Kochen, Planen, Umsetzen und Gestalten.

Wir freuen uns, wenn wir mit unseren Gerichten und Schmunzelgeschichten ganz viele Sonnenstrahlen ins Leben und in die Töpfe bringen können.

Wie sagt Karsten immer so schön: „Ich hätte nie ein Kochbuch geschrieben, wenn du nicht gewesen wärst!".

Stimmt, ich allerdings auch nicht. Dann sind wir jetzt wohl quitt.

Wer uns auch online im Blick behalten möchte, findet uns hier:

www.gemueseabo.com

www.gasthausbeermann.de

Jetzt gibt es noch eine letzte Schmunzelgeschichte über uns, bis es dann richtig süß und lecker wird.

Sturkopf

Kindheitserinnerungen und Lieblingsgerichte.

Zwei Wörter, die für mich ganz fest miteinander verbunden sind.

Ein solches Lieblingsgericht gibt es seit Ewigkeiten in unserer Familie. Bologneser Reistopf.

Irgendwann tauchte dieses Rezept mal auf, als ich noch klein war, obwohl ich seitdem nicht mehr viel gewachsen bin.

Seitdem kochen wir es immer mal wieder. Vor allem zur Freude unserer Tochter und selbst sie ist schon erwachsen.

Voller Enthusiasmus erzählte ich Karsten von dem Gericht. Erklärte ihm, wie man es zubereitet und wie unsere Familie es auf den Teller legt und dann isst.

Es gibt da ein ganz klitzekleines Ritual, aber nicht wichtig, sonst macht ihr es noch nach.

Ok, ich verrate es, allerdings erst später.

Denn Karsten starrte mich mit ganz großen Augen an und sagte völlig entsetzt: „Du isst Dosenerbsen?".
Zack, das war es jetzt wohl mit Freundschaft und dem gemeinsamen Kochen. Mit jemandem, der Dosenerbsen isst, kann man nicht befreundet sein.

Ich habe mehrere Wochen gebraucht, um ihn davon zu überzeugen, dass er es wenigstens mal probiert. Hat geklappt und das Resultat seht ihr hier. Fand er tatsächlich gut, sonst wäre es nicht in das Kochbuch gekommen. Hier stellt sich ein ganz klein wenig die Frage, wer von uns beiden hier der Sturkopf ist? Vielleicht auch wir beide, zumindest manchmal.

Und nun zu unserem klitzekleinen Ritual.
Ihr gebt den Bolo-Reistopf, wie er bei uns nur noch genannt wird, ganz flach auf den Teller. Streicht ihn noch mal ganz flach, damit er auch wirklich flach liegt, und dann sticht man Stück für Stück mit der Gabel ab.

Kann man machen, muss man nicht. Probiert es aus.

Bologneser Reistopf

Hier ist er nun, der ominöse Reistopf. So umstritten und so lecker. Über die Jahre ist er immer etwas verändert oder verbessert worden. Und ja, die Dosenerbsen oder Erbsen aus dem Glas gehören da rein. MIt frischen Erbsen oder Tiefkühl-Erbsen schmeckt es nur halb so gut. Kocht es nach und bildet euch euer eigenes Urteil.

Menge	Zutat
5	Zwiebeln
70 g	Porree
1	Möhren
70 g	Knollensellerie
2	Knoblauchzehen
2 EL	Olivenöl
500 g	Rinderhackfleisch
250 g	Parboiled Reis
750 ml	Brühe
100 g	Tomatenmark
Etwas	Zucker
1 TL	Paprikapulver
1 TL	Basilikum getrocknet
	Salz und Pfeffer
1 Dose	Erbsen (340 g)

Zubereitung

1. Die Zwiebeln pellen und in feine Würfel schneiden.

2. Den Porree waschen und in sehr feine halbe Ringe schneiden.

3. Möhren und Knollensellerie schälen. Beides in sehr feine Streifen reiben.

4. Knoblauch pellen und sehr fein hacken.

5. Das Olivenöl in einem Topf erhitzen und das Hackfleisch krümelig darin anbraten. Die Zwiebeln hinzufügen und 3 Minuten mitbraten.

6. Jetzt den Knoblauch, den Porree, die Möhren und den Sellerie hinzufügen. Alles zusammen weitere 5 Minuten braten lassen.

7. Wenn das Gemüse leicht weich wird, den Reis zum Gemüse geben und mit der Brühe auffüllen. Das Tomatenmark zum Reis geben und alles verrühren.

8. Je 1 Teelöffel Salz, Pfeffer, Paprikapulver und Basilikum und eine Prise Zucker in die Brühe geben und unterrühren.

9. Den Reis auf kleiner Stufe für 15 - 20 Minuten kochen lassen. Ab und zu umrühren, damit der Reis nicht anbrennt.

10. Die Erbsen abgießen und unter den fertigen Reistopf heben. Erneut mit Salz, Pfeffer und Paprika abschmecken.

Tipp:

Einfach genießen!

Marzipan-Amaretto-Zopf

Das ist eines unserer Rezepte, die nach folgendem Schema entstanden sind: „Hast du die Zutaten?" „Welche?" „Na, die Zitronen!" „Oh, ups!" „Ok, dann improvisieren wir und nehmen statt Zitronensaft den Amaretto!"
Gesagt, getan! Und was sollen wir sagen, das Ergebnis ist um Längen besser als unser ursprünglicher Marzipan-Zopf!

Menge	Zutat
500 g	Weizenmehl 550 oder Dinkelmehl 630
1 Prise	Salz
50 g	Zucker
2 Tüten	Vanillezucker
250 ml	Milch
21 g	Frische Hefe
1	Ei
75 g	Weiche Butter
200 g	Gemahlene Mandeln
70 g	Puderzucker
30 ml	Amaretto
1	Ei
2 EL	Zucker
4 EL	Amaretto
etwas	Mehl für die Arbeitsfläche
1 EL	Milch
6 EL	Puderzucker
2 EL	Amaretto

Zubereitung

1. Mehl, Salz, 50 g Zucker und Vanillezucker in die Schüssel einer Küchenmaschine geben.

2. Die Milch ganz leicht erwärmen und Hefe darin auflösen.

3. Die Hefemilch und das Ei mit dem Mehl für 5 Minuten auf kleinster Stufe kneten lassen. Danach die Butter in die Schüssel geben und weitere 5 Minuten kneten, bis sich der Teig vom Schüsselrand löst.

4. Den Hefeteig zugedeckt an einem warmen Ort 1 - 2 Stunden gehen lassen, bis sich sein Volumen verdoppelt hat.

5. In der Zwischenzeit das Marzipan herstellen. Dafür die gemahlenen Mandeln mit 70 g Puderzucker und 20 ml Amaretto mit dem Mixer verrühren, bis eine feste Marzipankonsistenz entsteht. Evtl. noch etwas Amaretto nachgießen.

6. Das Ei mit 2 Esslöffeln Zucker und 4 Esslöffeln Amaretto schaumig schlagen. Das Marzipan sehr fein in die Eiermasse krümeln und schaumig schlagen.

7. Den Hefeteig auf einer leicht bemehlten Fläche zu einem flachen Rechteck drücken, die Füllung darauf verteilen und von der Längsseite her aufrollen.

8. Die Rolle der Länge nach halbieren. Die beiden Stränge ineinander verdrehen und zu einem Zopf legen. Die Enden etwas unter den Teig schieben. Den Zopf auf ein mit Backpapier belegtes Backblech legen und den sichtbaren Hefeteig vom Zopf mit Milch bestreichen. Weitere 20 Minuten gehen lassen.

9. Den Backofen auf 200 °C Ober- und Unterhitze aufheizen.

10. Den Zopf insgesamt für 30 Minuten backen, nach 15 Minuten die Hitze auf 180 °C reduzieren.

11. Währenddessen Puderzucker und Amaretto verrühren.

12. Mit einem Esslöffel den Guss über den noch heißen Zopf verteilen. Den Marzipan-Zopf auf einem Gitter auskühlen lassen.

Zitronenkuchen

Wieder ein Rezept, das schon ewig in meinem Kopf herumgeistert, aber letztendlich durch meine Tochter wieder zum Leben erweckt wurde. Sie mag total gerne Zitronen und die gibt es in diesem Kuchen wirklich genug! Der Geschmack erinnert an Urlaub in Italien an der Amalfiküste. Die Farbe leuchtend gelb wie die Sonne, der Teig herrlich süß und intensiv duftend nach Zitrone. Genau das Richtige, wenn einem im Winter die Sonne fehlt!

Menge	Zutat
250 g	Weizenmehl 405 oder Dinkelmehl 630
1 gestr. TL	Backpulver
250 g	Zucker
2 Tüten	Vanillezucker
1 Prise	Salz
3 - 4	Zitronen
250 g	Butter
4	Eier
	Butter für die Form
150 g	Puderzucker

Zubereitung

1. Alle Zutaten abwiegen. Den Rührteig in einer Küchenmaschine oder mit dem Handrührgerät mixen.

2. Das Mehl mit dem Backpulver mischen. Zucker mit dem Vanillezucker und Salz mischen.

3. Eine Zitrone heiß abwaschen und die Zitronenschale fein abreiben. Anschließend den Saft auspressen.

4. Die Butter schaumig schlagen und abwechselnd Zucker, Eier und die Hälfte vom Mehl dazugeben und so lange rühren, bis eine cremige Masse entsteht.

5. Den Zitronenabrieb, den Zitronensaft und das restliche Mehl zufügen und klümpchenfrei unterrühren.

6. Den Ofen auf 180 °C Ober- und Unterhitze vorheizen.

7. Eine Kastenkuchenform mit Butter einfetten. Den Teig in die Form füllen und glatt streichen und sofort backen.

8. Den Kuchen bei 180 °C Ober- und Unterhitze für 60 Minuten backen. Nach 30 Minuten die Temperatur auf 170 °C stellen und den Kuchen evtl. mit Alufolie abdecken, falls er zu dunkel werden sollte.

9. Für den Guss werden 60 ml Zitronensaft benötigt. Dafür 2 -3 Zitronen auspressen. Den Saft mit 150 g Puderzucker glatt rühren.

10. Nach 60 Minuten Backzeit mit einem Holzstäbchen an der dicksten Stelle in den Teig stechen. Klebt beim Herausziehen noch Teig am Stäbchen, muss der Kuchen für weitere 5 Minuten in den Ofen.

11. Den Kuchen aus der Form stürzen und auf eine Kuchenplatte stellen. Den gestürzten heißen Kuchen mehrfach mit einem Holzstäbchen tief einstechen. Anschließend den Zitronenguss mit einem Löffel langsam über den Kuchen gießen. 2 Tage durchziehen lassen.

> *Tipp:*
>
> *Der Familie nicht verraten, dass man diesen Kuchen backt! Dann klappt es vielleicht auch, dass der Kuchen 2 Tage durchziehen kann, um richtig schön zitronig-saftig zu sein. Viel Glück!*

Torte Caracas

Traditionen in der Weihnachtszeit gibt es viele. Eine ganz besondere Tradition ist die Weihnachtstorte. Bei uns gibt es die Torte Caracas seit ganz vielen Jahren. Luftiger Biskuit gemischt mit cremigem Marzipan, knusprigem Krokant und aromatischem Zimt, abgerundet durch Schokoladensahne als Füllung. Einfach ein herrlicher Weihnachts- und Wintergenuss.

Menge	Zutat
4	Eigelb
100 g	Marzipan-Rohmasse
50 g	Zucker
1 Tüte	Vanillezucker
1/4 TL	Zimt
1 Prise	Salz
50 g	Butter
80 g	Haselnusskrokant
4	Eiweiß
75 g	Zucker
100 g	Weizenmehl 405 oder Dinkelmehl 630
1 gestr. TL	Backpulver
100 g	Zartbitterschokolade
600 ml	Schlagsahne
	Schokoladendekor

Zubereitung

1. Für den Teig das Eigelb zusammen mit dem Marzipan mit einem Handrührgerät schaumig schlagen. Nach und nach Zucker, Vanillezucker, Zimt und Salz hinzufügen. Alles verrühren, bis eine luftige Masse entsteht.

2. Die Butter im Topf leicht schmelzen, abkühlen lassen und das Krokant unterrühren.

3. Das Eiweiß leicht schlagen, den Zucker hinzugeben und zusammen steif schlagen.

4. Ofen auf 180 °C Ober- und Unterhitze vorheizen.

5. Die Eiweißmasse auf die Eigelbmasse geben. Das Mehl mit dem Backpulver mischen, über die Eimasse sieben und vorsichtig unterheben.

6. Die Krokant-Butter-Mischung ebenso dazugeben und unterheben.

7. Den Boden einer 26er Springform mit Backpapier auslegen und den Teig für 25 - 30 Minuten bei 180 °C Ober- und Unterhitze backen. Zum Ende der Backzeit mit einem Holzstäbchen in die dickste Stelle des Teigs stechen. Klebt kein Teig mehr am Stäbchen, ist der Boden fertig gebacken.

8. Den Boden aus den Springform nehmen und über Nacht abkühlen lassen.

9. Die Schokolade fein hacken. Die Schlagsahne im Topf aufkochen und die gehackte Schokolade dazugeben und unterrühren. Die Schokoladensahne im Kühlschrank über Nacht abkühlen lassen.

10. Am nächsten Tag die Schokoladensahne steif schlagen. Ein paar Esslöffel für die Dekoration beiseite stellen.

11. Den abgekühlten Boden einmal durchschneiden. Auf den unteren Boden ein Drittel der Sahne streichen. Den zweiten Boden darauflegen und mit der restlichen Sahne den Tortendeckel und den Rand bestreichen.

12. Die Torte mit Sahne und Schokolade garnieren.

> *Tipp:*
>
> *Für die schnelle Dekoration eine Schablone auf die Torte legen und mit Backkakao verzieren.*

Cookies

Wir haben alle in den letzten Jahren ganz viele Cookies akzeptiert, bekommen haben wir dadurch allerdings keine. Dann backen wir sie uns halt selber. Schokolade trifft auf Erdnussbutter oder anders gesagt: Verdammt, ist das lecker!

Menge	Zutat
250 g	Butter
250 g	Rohrzucker
2 Tüten	Vanillezucker
1 Prise	Salz
2	Eier
350 g	Weizenmehl 405 oder Dinkelmehl 630
1 gestr. TL	Backpulver
1/4 TL	Backnatron
20 g	Backkakao
1 EL	Milch
75 g	Schokolade oder Schokotropfen
75 g	Erdnussbuttertropfen

Zubereitung

1. Die Butter mit Zucker, Vanillezucker und Salz einige Minuten mit dem Mixer sehr schaumig schlagen.

2. Die beiden Eier unter die schaumige Butter rühren.

3. Mehl, Backpulver und Backnatron über die Butter sieben und kurz untermischen, bis ein glatter Teig entsteht.

4. Die Hälfte vom Teig aus der Schüssel nehmen und zur Seite stellen.

5. Den Backkakao mit einem Esslöffel Milch unter die eine Teighälfte mixen.

6. Schokolade fein hacken oder Schokotropfen unter den Kakao-Cookie-Teig heben.

7. Die Erdnussbuttertropfen unter den hellen Teig rühren.

8. Beide Teige für mindestens eine Stunde kaltstellen.

9. Zwei Backbleche mit Backpapier auslegen und den Ofen auf 175 °C Umluft vorheizen.

10. Einen Teig aus dem Kühlschrank nehmen und mit einem Teelöffel 20 bis 24 Portionen abstechen und zu Kugeln drehen. Die Kugeln auf einen Teller legen und wieder kaltstellen. Mit dem zweiten Teig ebenso verfahren. Nun eine helle und eine dunkle Kugel zusammendrücken und vorsichtig zu einer Kugel rollen. Auf das Backpapier legen, leicht flach drücken und die anderen Kekse mit Abstand auf das Blech legen.

11. Die Cookies etwa 12 bis 14 Minuten bei 175 °C backen und auf dem Blech abkühlen lassen. Nach 15 Minuten auf ein Backgitter legen und dort ganz abkühlen lassen.

Tipp:

Anstatt der Erdnussbuttertropfen kann man 75 g Erdnussbutter und einen Esslöffel Mehl unter den hellen Teig rühren.

Danke!

Mit etwas Abstand zu bestimmten Situationen kann man diese besser reflektieren und auch in Worte fassen.

Anfang 2020 hat es uns beide sehr kalt erwischt. Ich habe von jetzt auf gleich doppelt so viel gearbeitet. Deine Arbeit gab es auf einmal nicht mehr. Gemeinsam haben wir uns durch die ganz harte Zeit gekämpft. Viel Ungewissheit hat sich immer wieder mit Hoffnung vermischt. Mal war dein Frust größer als meiner, mal war dein Optimismus größer als meiner.

Immer hat einer von uns den anderen angeschoben, Ideen und vor allem ein offenes Ohr gehabt. Wenn der Blick getrübt war, haben wir uns gegenseitig wieder auf die richtige Spur gebracht.
Wie oft habe ich am Anfang gedacht oder gesagt: „Verdammt, du weißt zu viel." Und dann hast du nur gesagt: „Du kennst mich doch, hab ich nachher eh alles schon wieder vergessen."

Die morgendliche Kaffeetasse, um den trubeligen Tag kurz pausieren zu lassen, oder die gemeinsame Mittagspause waren sehr wertvolle Minuten in dieser ungewissen Zeit!

Ernste Gespräche, viel Lachen, ein paar Tränen trocknen, wenn alles zu viel war, alles nicht selbstverständlich und irgendwie doch selbstverständlich für dich und mich!

Mittlerweile ist deine Frau meine rechte Hand im Unternehmen und mein Mann dein Whisky-Buddy. Eure und unsere Tochter kümmern sich gemeinsam um unser Pferd. All das hätte es nicht gegeben, wenn…

Für alles bin ich wahnsinnig dankbar.

„Der Zufall machte uns zu Kollegen, der Spaß, das Lachen und die Gespräche machten uns zu Freunden!"

Schön, dass es dich gibt!

Mela

Inhaltsverzeichnis

Impressum

Die Autoren und Fotografen:

Alle Rezepte ausprobiert, gekocht und fotografiert von:

Melanie Hogrefe
Altenwahlingen 68
29693 Böhme
www.gemueseabo.com

Karsten Beermann
Wendenborsteler Straße 33
31634 Steimbke
www.gasthausbeermann.de

Facebook: Lieblingsgerichtekochbuch

Instagram: Lieblingsgerichtekochbuch

ISBN 978-3-00-070894-7

1. Auflage 2021